A LIBRARY OF
DOCTORAL
DISSERTATIONS
IN SOCIAL SCIENCES IN CHINA

中国就业极化问题研究

Research on China's Employment Polarization

赵渊博 著
导师 赵振华

中国社会科学出版社

图书在版编目（CIP）数据

中国就业极化问题研究／赵渊博著．—北京：中国社会科学出版社，2022.6
（中国社会科学博士论文文库）
ISBN 978－7－5203－9968－5

Ⅰ.①中… Ⅱ.①赵… Ⅲ.①就业问题—研究—中国 Ⅳ.①D669.2

中国版本图书馆 CIP 数据核字（2022）第 050739 号

出 版 人　赵剑英
责任编辑　喻　苗
责任校对　胡新芳
责任印制　李寡寡

出　　版　中国社会科学出版社
社　　址　北京鼓楼西大街甲 158 号
邮　　编　100720
网　　址　http：//www.csspw.cn
发 行 部　010－84083685
门 市 部　010－84029450
经　　销　新华书店及其他书店

印　　刷　北京明恒达印务有限公司
装　　订　廊坊市广阳区广增装订厂
版　　次　2022 年 6 月第 1 版
印　　次　2022 年 6 月第 1 次印刷

开　　本　710×1000　1/16
印　　张　12.75
字　　数　216 千字
定　　价　76.00 元

《中国社会科学博士论文文库》
编辑委员会

总　　序

在胡绳同志倡导和主持下，中国社会科学院组成编委会，从全国每年毕业并通过答辩的社会科学博士论文中遴选优秀者纳入《中国社会科学博士论文文库》，由中国社会科学出版社正式出版，这项工作已持续了12年。这12年所出版的论文，代表了这一时期中国社会科学各学科博士学位论文水平，较好地实现了本文库编辑出版的初衷。

编辑出版博士文库，既是培养社会科学各学科学术带头人的有效举措，又是一种重要的文化积累，很有意义。在到中国社会科学院之前，我就曾饶有兴趣地看过文库中的部分论文，到社科院以后，也一直关注和支持文库的出版。新旧世纪之交，原编委会主任胡绳同志仙逝，社科院希望我主持文库编委会的工作，我同意了。社会科学博士都是青年社会科学研究人员，青年是国家的未来，青年社科学者是我们社会科学的未来，我们有责任支持他们更快地成长。

每一个时代总有属于它们自己的问题，“问题就是时代的声音”（马克思语）。坚持理论联系实际，注意研究带全局性的战略问题，是我们党的优良传统。我希望包括博士在内的青年社会科学工作者继承和发扬这一优良传统，密切关注、深入研究21世纪初中国面临的重大时代问题。离开了时代性，脱离了社会潮流，社会科学研究的价值就要受到影响。我是鼓励青年人成名成家的，这是党的需要，国家的需要，人民的需要。但问题在于，什么是名呢？名，就是他的价值得到了社会的承认。如果没有得到社会、人民的承认，他的价值又表现在哪里呢？所以说，价值就在于对社会重大问题的回答和解决。一旦回答了时代性的重大问题，就必然会对社会产生巨大而深刻的影响，你也因此而实现了你的价值。在这方面年轻的博士有很大的优势：精力旺盛，思想敏捷，勤于学习，勇于创新。但青年学者要多向老一辈学者学习，博士尤其要很好地向导师学习，在导师的指导下，发挥自己的优势，研究重大问题，就有可能出好的成果，实现自己的价值。过去12年入选文库的论文，也说明了这一点。

什么是当前时代的重大问题呢？纵观当今世界，无外乎两种社会制度，一种是资本主义制度，一种是社会主义制度。所有的世界观问题、政治问题、理论问题都离不开对这两大制度的基本看法。对于社会主义，马克思主义者和资本主义世界的学者都有很多的研究和论述；对于资本主义，马克思主义者和资本主义世界的学者也有过很多研究和论述。面对这些众说纷纭的思潮和学说，我们应该如何认识？从基本倾向看，资本主义国家的学者、政治家论证的是资本主义的合理性和长期存在的必然性；中国的马克思主义者，中国的社会科学工作者，当然要向世界、向社会讲清楚，中国坚持走自己的路一定能实现现代化，中华民族一定能通过社会主义来实现全面的振兴。中国的问题只能由中国人用自己的理论来解决，让外国人来解决中国的问题，是行不通的。也许有的同志会说，马克思主义也是外来的。但是，要知道，马克思主义只是在中国化了以后才解决中国的问题的。如果没有马克思主义的普遍原理与中国革命和建设的实际相结合而形成的毛泽东思想、邓小平理论，马克思主义同样不能解决中国的问题。教条主义是不行的，东教条不行，西教条也不行，什么教条都不行。把学问、理论当教条，本身就是反科学的。

在21世纪，人类所面对的最重大的问题仍然是两大制度问题：这两大制度的前途、命运如何？资本主义会如何变化？社会主义怎么发展？中国特色的社会主义怎么发展？中国学者无论是研究资本主义，还是研究社会主义，最终总是要落脚到解决中国的现实与未来问题。我看中国的未来就是如何保持长期的稳定和发展。只要能长期稳定，就能长期发展；只要能长期发展，中国的社会主义现代化就能实现。

什么是21世纪的重大理论问题？我看还是马克思主义的发展问

题。我们的理论是为中国的发展服务的，绝不是相反。解决中国问题的关键，取决于我们能否更好地坚持和发展马克思主义，特别是发展马克思主义。不能发展马克思主义也就不能坚持马克思主义。一切不发展的、僵化的东西都是坚持不住的，也不可能坚持住。坚持马克思主义，就是要随着实践，随着社会、经济各方面的发展，不断地发展马克思主义。马克思主义没有穷尽真理，也没有包揽一切答案。它所提供给我们的，更多的是认识世界、改造世界的世界观、方法论、价值观，是立场，是方法。我们必须学会运用科学的世界观来认识社会的发展，在实践中不断地丰富和发展马克思主义，只有发展马克思主义才能真正坚持马克思主义。我们年轻的社会科学博士们要以坚持和发展马克思主义为己任，在这方面多出精品力作。我们将优先出版这种成果。

李铁映

2001年8月8日于北戴河

摘　　要

20 世纪八九十年代，美国和欧洲地区出现了中等技能劳动就业比重不断下降、高技能劳动和低技能劳动就业比重不断上升的就业极化现象。以受教育年限和工资收入为技能划分标准下的就业结构分析均得出一致结果。就业极化现象导致的中等技能就业比重下降是美国 2008 年经济危机后就业复苏困难的重要原因。对中国而言，就业市场出现了“技工荒”和收入差距不断扩大现象。中国作为发展中国家，经济发展条件和发展阶段与欧美等发达国家存在很大差距，那么中国是否也存在了就业极化现象？“技工荒”和收入差距扩大是否与就业极化有关？就业极化的产生机制和其影响就业与收入不平等的过程是本书要回答的问题。

现有研究认为，美国和欧洲就业极化产生的主要原因是技能偏向型技术进步和国际贸易。在全球化背景下，发达国家和发展中国家就业市场均受到技能偏向型技术进步和国际贸易的影响，使得高技能劳动相对低技能劳动就业比重不断上升，工资不平等也不断扩大。然而已有研究表明，中国就业极化现象开始显现。由于中国与欧美发达国家的国情不同，就业极化产生的机制或许有所差异。因此，本书在已有的研究思路和方法基础上，对中国就业结构是否呈现就业极化特征进行验证，并分析中国就业极化产生的原因。本书认为，2008—2017 年，中国出现了就业极化现象，技能偏向型技术进步、国际贸易和产业结构升级是中国就业极化产生的主要原因。

具体而言，本书第一章对中国是否存在就业极化现象进行特征事实验证。首先，从受教育水平、工资水平和工作任务三个角度对技能进行划分，对每种技能划分下的就业结构情况进行分析，观察不同产业、部门和细分行业在某些年份是否出现了就业极化特征；其次，从技能溢价变化情况对工资不平等进行分析。第二章分析技能偏向型技术进步影响就业极化的机制。第三章首先分析国际贸易影响就业极化的机制，其次结合中国国际贸易发展特征分析国际贸易对中国就业结构的影响。第四章从产业结构升级的角度分析就业极化产生的机制，并结合中国产业结构升级特征从就业弹性、就业偏离度和要素投入三个方面分析产业结构升级对中国就业结构的影响。最后一章提出有针对性的政策建议。本书的研究结论如下。

首先，中国在2008—2017年已经出现了就业极化现象。在受教育水平、平均工资和工作任务性质三种技能分类标准下，中国就业市场在2008—2017年呈现轻微的就业极化现象。对产业部门内部的技能结构变化分析发现，农业就业结构呈现就业升级特征，制造业内部呈现了就业极化特征，而服务业中多数低技术行业呈现就业升级特征，高技术行业呈现就业极化特征。

其次，技能偏向型技术进步通过常规化假设引起了中国就业极化现象。技能偏向型技术进步与技能劳动互补，与非技能劳动替代。随着技术的革命性发展，技术进步可以以更低的成本来完成中等技能劳动从事的重复性工作，从而对中等技能劳动产生了替代。对中国而言，随着新技术的应用和生产率的提升，中国企业对中等技能劳动的需求不断下降。另外，技能偏向型技术进步使得高技能劳动与中低技能劳动的生产率差距异扩大，技能溢价不断上升。

再次，国际贸易下的技术引进引起了中国技能偏向型技术进步，进而影响了各类技能劳动就业比重的变化。中国利用劳动密集型产品出口赚取的外汇来购买国外先进技术，这些技术的应用引起了中国技能偏向型技术进步。另外，软件服务业在离岸外包中的比重不断上升增加了中国高技能劳动需求。

最后，产业结构升级过程中过快增长的资本投入引起了中等技术行业的从业者就业下降。一方面，制造业的就业弹性较低，制造业中等技术行业的就业结构偏离度最大，制造业对就业的吸纳能力和带动作用最小；另一方面，制造业资本投入快速增长的同时，就业增速在放缓。因此，在产业结构从劳动密集型产业向资本密集型产业升级过程中，快速增长的资本投入对中等技术行业从业者产生了替代作用，促进了就业极化的形成。

降低就业极化对中国劳动力市场的影响，应从以下五个方面入手：

第一，加快提升高等教育质量和职业教育培训质量，提升整体高中低技能劳动生产率，并扩大各类技能劳动供给；第二，利用国内巨大市场需求积极引进国外先进技术和人才，加快中国技术进步进程；第三，加快产业结构升级，优化劳动力结构，让各类技能劳动配置在生产率各异的行业中；第四，加快户籍制度和社会保障制度改革，消除各类技能在不同部门和地区间自由流动的限制；第五，完善社会保障制度，通过转移支付、税收和福利制度来缩小技能和非技能劳动工资差距。

关键词：就业极化；工资不平等；技能偏向型技术进步；常规化假设；国际贸易；产业结构升级

Abstract

In the 1980s and 1990s, the polarization of employment emerged in the United States and Europe, where the employment proportion of medium – skilled labors continued to decline, and the empolyment proportion of high – skilled and low – skilled labors and increased. The results of employment structure analyses based on the educational level and wage income are the same. The decline of the empolyment proportion of medium – skilled labors caused by the polarization of employment is an important reason for the difficulty of employment recovery after the 2008 economic crisis in the United States. For China, there is a shortage of "technical workers" and a widening income gap in the employment market. As a developing country, China's economic development conditions and development stages are very different from those of developed countries such as Europe and the United States. Does China also have employment polarization? Is the employment polarization related to the "technical shortage" and the widening income gap? The mechanism of employment polarization and its process of affecting employment and income inequality are the questions answered in this book.

Existing researches suggest that the polarization of employment polarization in the United States and Europe is mainly due to the skill – biased technological advancement and international trade. In the context of globalization, the employment markets in developed and developing countries are affected by skill – biased technological advancement and international trade, which make the employment proportion of high – skilled labors relatively low – skilled labors rise and wage inequality continue to expand. However, studies have shown that the polarization of employment in China is beginning to emerge. Due to the differences in national conditions between China and developed countries such as Europe and the United States, the mechanism of employment polarization may be different. Therefore, based on the existing research ideas and methods, this book verifies whether the employment structure of China shows employment polarization characteristics, and analyzes the reasons for the polarization of employment in China. This book argues that between 2008 and 2017, China experienced the ehenomenon of employment polarization. Skill - biased technological advancement, international trade and industrial structural upgrading are the main reasons for employment polarization in China.

Specifically, the first chapter of this book verifies the existence of the phenomenon of employment polarization in China. The first chapter first divides the skills from the three levels of education, wages and work tasks, analyzes the employment structure under each skill division, and observes whether employment polarization has appeared in different industries, departments and sub - sectors in some years. Characteristics and analysis of wage inequality from changes in real wages and skill premiums. The second chapter analyzes the mechanism of skill - biased technological advancement affecting employment polarization. The third chapter first analyzes the mechanism of international trade affecting employment polarization, and then analyzes the impact of international trade on China's employment structure based on the characteristics of China's international trade development. The fourth chapter analyzes the mechanism of employment polarization from the perspective of industrial structural upgrading, and analyzes the impact of industrial structural upgrading on China's employment structure from three aspects: employment elasticity, employment deviation and factor input. The last chapter proposes targeted policy recommendations. The conclusions of this book are as follows.

First, China has seen the phenomenon of employment polarization in 2008—2017. Under the three skill classification criteria of education level, average salary and job task, the Chinese job market showed a slight employment polarization in 2008—2017. The analysis of the changes in skill structure within the industrial sector finds that the agricultural employment structure shows employment upgrading characteristics, and the manufacturing industry shows employment polarization characteristics. Most of the low - tech industries in the service industry shows employment upgrading characteristics, and the high - tech industries shows employment polarization characteristics.

Secondly, the skill - biased technological advancement has caused the polarization of employment in China through routinization hypothesis. Skill - biased technological advancement complements the skilled labors and substitutes the non - skilled labors. With the revolutionary development of technology, technological advancement can complete the repetitive work of medium - skilled labors at a lower cost, thus replacing the medium - skilled labors. For China, as new technologies are applied and productivity is increasing, the demand for medium - skilled labor in Chinese companies is declining. In addition, skill - biased technological advances have widened the productivity gap between high - skilled labor and low - skilled labor, and the skill premium has continued to rise.

Third, the introduction of technology through international trade has caused China's skill - biased technological advancement, which in turn has affected the employment proportion of various types of skills. China uses foreign exchange earned from the export of labor - intensive products to purchase advanced foreign technology. The application of these technologies has caused China's skill - biased technological advancement. In addition, the increasing proportion of software services in offshore outsourcing has increased China's demand for highly skilled labors.

Fourth, the excessive capital investment in the process of upgrading the industrial structure has caused the employment of practitioners in the middle - tech industries to decline. On the one hand, the employment elasticity of the manufacturing industry is relatively low, the employment structure of the medium - tech industries in the manufacturing industry is the most deviated, and the manufacturing industry has the least absorption capacity and the driving effect; on the other hand, while the manufacturing capital investment is growing rapidly, employment growth is slowing. Therefore, in the process of upgrading the industrial structure from labor - intensive industries to capital - intensive industries, rapidly rising capital investment has played a substitution role for practitioners in the middle - tech industries and promoted the formation of employment polarization.

To reduce the impact of employment polarization on China's labor market, we should start from the following five aspects: First, accelerating the improvement of the quality of higher education and the quality of vocational education and training, improving the overall high, medium and low - skilled labors productivity, and expanding the supply of various types of skills; Second, We will use the domestic market demand to actively introduce foreign advanced technology and talents to accelerate the progress of China's technological progress; Third, accelerating the upgrading of industrial structure, optimizing the labor structure, and allowing all kinds of skilled labor to be deployed in industries with different productivity; Fourth, accelerating the reform of the household registration system, and eliminating the restrictions on the free flow of various skills among different departments and regions; Fifth, improving the social security system and reducing the wage gap between the skills and non - skilled labors through transfer payment, taxation and welfare systems.

Keywords: employment polarization; wage inequality; skill - biased technological progress; routinization hypothesis; international trade; industrial structural upgrading

目　　录

Contents

绪　　论

第一节　选题背景和意义

20 世纪 80 年代到 90 年代，美国劳动力市场经历了特殊的就业结构变化：以大学生为代表的高收入就业者和以高中以下学历为代表的低收入就业者就业份额增长较快，处于两者之间的中等收入就业者就业份额增长较慢，总体呈现两端高、中间低的极化特征，被称为“就业极化”。①② 另外，美国劳动力市场还出现了工资极化现象，即高收入者和低收入者的工资增幅高于中等收入者的工资增幅。③ 除美国外，欧洲大部分国家也出现了就业极化。④ 另外，就业极化一定程度上阻碍了美国经济危机后的无就业增长。⑤

就业极化对欧美等发达国家就业的影响引起了广泛关注。对就业极化现象的解释，目前主要有技能偏向型技术进步和国际贸易两个角度。20 世纪 70 年代，以计算机技术为代表的第三次工业革命爆发，

---

① 对技能的分类主要有工资收入百分比、受教育程度两种。由于收入占比分布和受教育程度的相关性较大，因此运用两种分类方法的实证研究均得出了相似的“U”开就业极化特征，只是具体变化稍有差别。

② Autor, David H., Lawrence F. Katz, and Melissa S. Kearney, “The Polarization of the U. S. Labor Market”, *NBER Working Paper*, No. 11986, 2006.

③ Autor, David H. and David Dorn, “Inequality and Specialization: The Growth of Low - Skill Service Jobs in the United States”, *IZA Discussion Paper*, No. 4290, 2009.

④ Goos, Maarten, Alan Manning, and Anna Salomons, “Explaining Job Polarization: The Roles of Technology, Offshoring and Institutions”, *Center for Economic Studies Discussion Paper Series (PDS)* 11. 34, 2011.

⑤ Jaimovich, Nir and Henry E. Siu, “The Trend is the Cycle: Job Polarization and Jobless Recoveries”, *NBER Working Paper*, No. 18334, 2012.

技术进步呈现出技能偏向型特征。由于技术进步带来成本降低，计算机技术开始普及，计算机技术大幅度提高了高技能使用者的劳动生产率。[①] 另外，在面对新技术时，由于受到高等教育的就业者具有学习上的比较优势和较高的适应能力，高技能人员会为企业节约成本。[②] 因此，高技能人员市场需求就会高于低技能人员。计算机技术的发展带动了高技能人员的需求和就业增长，技术和高技能劳动之间出现了互补关系，与低技能人员相互替代。在工资层面，使用计算机的高技能就业者工资明显高于较少使用计算机的低技能就业者，两者工资差距不断拉大。[③]

到了20世纪80年代，美国就业结构开始出现两极分化，低技能就业者就业和收入份额不降反增，以高技能和低技能角度来解释就业结构的技能偏向型技术进步逐渐失去说服力，常规化假设理论得以提出。常规化假设将职业属性、技能结构、就业结构加以区分，将职业属性按照需要的人类技能划分为非常规性认知任务、常规性任务和非常规性手工任务。非常规性认知任务和手工任务属于抽象任务，均需要灵活性、创造性、问题解决能力和复杂的沟通能力，如保安、保洁人员、家庭健康助理、建筑工人、医疗诊断、法律写作、销售、管理者等；常规性任务具有重复性、可编程的特点，如图书管理员、收银员、电话客服等。随着计算机技术的进步和信息处理能力的提升，计算机可以实现重复性任务的编程和程序化操作，常规性任务具有可编程和重复性特点，被计算机替代而需求下降。计算机技术还未实现对认知和手工的编程处理水平，反而因提高了非常规性任务的生产效率形成了互补关系，并促进了非常规性任务需求上升。由于高技能就业者主要从事非常规性认知任务，中等技能就业者从事常规性认知任务，低技能就业者从事非常规性手工任务，中等技能就业者因任务替代失

① Acemoglu, Daron, "Technical Change, Inequality, and the Labor Market", *Journal of Economic Literature*, Vol. 40, No. 1, 2002, pp. 7 – 72.

② Bartel, Ann P. and Frank R. Lichtenberg, "The Comparative Advantage of Educated Workers in Implementing New Technology", *The Review of Economics and Statistics*, Vol. LXIX, 1987, pp. 1 – 11.

③ Kruger, Alan, "How Computer Have Changed the Wage Structure: Evidence from Microdata, 1984—1989", *Quarterly Journal of Economics*, Vol. 108, 1993, pp. 33 – 60.

业，高技能和低技能就业者因互补而就业上升。[①] 至此，常规化假设对就业极化给出了较合理的解释。

除了技能偏向型技术进步，国际贸易是影响就业极化的另一重要因素。[②] 从20世纪90年代开始，全球化成为时代主题。随着中国与印度融入世界经济，得益于信息技术进步带来的通信成本下降，以中间品贸易和服务贸易为特征的离岸外包兴起，迅速成为全球贸易的主要形式。[③] 贸易增长的同时给相关产业就业带来阻碍。美国高技能人员从事本国具有比较优势的任务，随着贸易量增加带动高技能人员需求上升；低技能人员所从事的多数为不可贸易任务，受到离岸影响较小；而中等技能人员从事大多为可贸易任务，美国也没有比较优势，从而在离岸贸易中被替代。[④] 不仅如此，来自发展中国家的进口竞争使得美国制造业失去了竞争力，导致制造业等中等技能人员就业下降。[⑤] 另外，传统观点认为，国际贸易对就业的影响较小，但是借助于技能偏向型技术进步，会将其影响放大。国际贸易会引致技能偏向型技术进步，国际技能劳动供给为技能偏向技术发展提供机遇，带动高技能劳动需求和就业上升。[⑥]

就业极化现象不是美国就业市场所独有的，欧洲大多数国家均出现了不同程度的就业极化。[⑦] 除了发达国家，发展中国家同样也经历

---

① Autor, David H., Frank Levy, and Richard J. Murnane, "The Skill Content of Recent Technological change: an Empirical Exploration", *The Quarterly Journal of Economics*, Vol. 118, 2003, pp. 1279 – 1333.

② Acemoglu, Daron and David Autor, "Skills, Tasks and Technologies: Implications for Employment and Earnings", *NBER Working Paper*, No. 16082, 2010.

③ Blinder, Alan S., "How Many US Jobs Might be Offshorable?", *World Economics*, Vol. 10, 2009, pp. 41 – 78.

④ Oldenski Lindsay, "Offshoring and the Polarization of the U. S. Labor Market", *ILR Review*, Vol. 67, Supplement 2014, pp. 734 – 761.

⑤ Autor, David H., Dorn David, and Gordon H., "The China Syndrome: Local Labor Market Effects of Impact Competition in the United States", *American Economic Review*, Vol. 103, 2013, pp. 2121 – 2168.

⑥ Acemoglu, Daron, "Patterns of Skill Premia", *Review of Economic Studies*, Vol. 70, 2003, pp. 199 – 230.

⑦ Goos, Maarten, Alan Manning, and Anna Salomons, "Explaining Job Polarization: the Roles of Technology, Offshoring and Institutions", *Center for Economic Studies Discussions Paper Series* (*DPS*) 11. 34, 2011. http://www. econ. kuleuven. be/ces/discussionpapers/default. htm.

了技术进步和全球化，就业极化是否也在发展中国家出现了呢？印度作为发展中大国之一，并没有出现技能偏向型技术进步带来的就业升级现象。[①] 同样作为发展中国家的中国，却出现了程度不同的就业极化现象。[②] 两个发展中大国就业市场出现差异的原因何在？中国的就业极化产生原因是否有特殊原因？国内学者大多认为技能偏向型技术进步、离岸外包是主要原因，[③④] 还有学者从产业结构升级[⑤]、对外直接投资的角度加以解读。[⑥]

目前，关于发达国家就业极化产生机制的研究既有共识也有争议。中国作为发展中国家，与发达国家在经济发展诸多方面差异较大，既然已经出现了就业极化现象，背后产生的机制是否与发达国家的不同？有何异同点？背后产生的原因将是问题的关键。

就业和收入是各国都十分关注的经济增长问题，对中国更是如此。中国是最大的发展中国家之一，并成功迈进中高收入国家行列，收入问题是进入高收入国家行列必须面对的现实问题。目前，中国正面临着迫切的经济结构转型和产业升级。当前，中国部分制造业已经出现了就业极化现象的苗头，直接影响到以制造业为代表的中等技能职业。作为制造业大国，制造业就业问题自然关系到整体就业走势，可以说牵一发而动全身。在产业升级中，以制造业为代表的中等技能产业发挥了承前启后的作用。因此，就业极化会通过影响中等技能行业对中国产业升级产生阻力。那么，就业极化会不会在中国继续存在，甚至加剧中等技能行业就业问题，需要深入研究。本书从就业极化现象入手，分析中国就业极化现状、产生原因和机制，为探析中国就业问题提供新视角。

---

① Berman, Eli, Rohini Somanathan, and Hong W. Tan, "Is Skill – Biased Technological Change here yet?: Evidence from Indian Manufacturing in the 1990's", *World Bank Policy Research Working Paper*, No. 3761, 2005.

② 吕世斌、张世伟：《中国劳动力"极化"现象及原因的经验研究》，《经济学（季刊）》2015 年第 2 期，第 757—778 页。

③ 杨飞：《技能偏向性技术进步与劳动力市场极化》，博士学位论文，南开大学，2013 年。

④ 郝楠：《我国劳动力极化问题研究》，博士学位论文，安徽大学，2016 年。

⑤ 江永红、张彬、郝楠：《产业结构升级是否引致劳动力"极化"现象》，《经济学家》2016 年第 3 期，第 24—31 页。

⑥ 李宏兵、郭界秀、翟瑞瑞：《中国企业对外直接投资影响了劳动力市场的就业极化吗?》，《财经研究》2017 年第 6 期，第 28—39 页。

第二节　国外研究文献综述

本节对国外研究劳动力市场极化产生原因的成果进行综述。从目前的研究来看，劳动力市场极化现象产生原因主要有两个：技能偏向型技术进步和国际贸易。技能偏向型技术进步通过常规化假设影响就业极化，国际贸易通过可离岸任务引致就业极化，两个因素都不同程度地引起了工资不平等，有些国家还出现了工资极化。本节的结构安排如下：首先，介绍劳动力市场极化的发展现状；其次，介绍劳动力市场极化产生的因素，并分别论述技能偏向型技术进步、国际贸易对就业和工资的影响机制。

一　关于就业极化发展现状的研究

对就业和收入的研究一直是经济学研究的重点，而技术进步与就业和收入的关系无疑吸引了更多的关注。技能偏向型技术进步理论认为，技术进步会引起技能劳动需求上升和非技能劳动需求下降。随着技术的发展，计算机技术的成本逐渐降低，开始在工作中大量应用。同一时期，全球化贸易也开始发展。伴随着计算机普及和国际贸易发展，在过去三十年的发展中，许多国家的劳动力市场出现了就业极化现象：以大学生为代表的高收入群体和高中以下学历的低收入群体的就业份额快速增长，其他学历水平的中等收入群体就业份额缓慢增长。由于就业极化和计算机技术普及与全球化几乎发生在同一时期，使得常规化假设和离岸外包的影响取代了早期的技能偏向型技术进步理论，很好地解释了多国出现的就业极化现象。

在发达国家，就业极化现象首次出现在 19 世纪 80 年代到 90 年代。Autor 利用常规化假设理论，对美国技能成分和任务成分变化进行分析后发现，从 20 世纪 80 年代开始，美国出现了就业极化现象。[①] 伴随着就业极化，美国还出现了工资极化。[②] 除美国外，日本、欧洲大

① Autor, David H., Lawrence F. Katz, and Melissa S. Kearney, "The Polarization of the U. S. Labor Market", *NBER Working Paper*, No. 11986, 2006.

② Beaudry, Paul, David A. Green, and Benjamin M. Sand, "The Great Reversal in the Demand for Skill and Congnitive Tasks", *NBER Working Paper*, No. 18901, 2013.

部分国家、澳大利亚均出现了就业极化现象。①②③④⑤⑥⑦ 可以看出，就业极化现象在发达国家已经普遍存在，并且对就业结构和工资结构的影响较显著。

不仅在发达国家，少数发展中国家也出现了就业极化现象。Medina et al. 利用任务偏向型技术进步理论，对哥伦比亚1984—2009年的就业市场变化进行了分析，结果表明，相对于中等技能劳动供给，哥伦比亚高技能劳动和非技能劳动供给不断增长，将同样的分析模型运用于墨西哥，墨西哥也出现了类似的就业极化特征。⑧ 就业极化出现在大多数发达国家，并出现在少数发展中国家，下文将详细介绍关于就业极化产生原因的研究，主要从技能偏向型技术进步和国际贸易两个角度展开。

二 关于就业极化产生原因的研究

（一）技能偏向型技术进步

在技能偏向型技术进步的影响下，发达国家先后经历了技能升级和就业极化，同时也产生了工资极化。下面从技术进步的非中性、技能偏向型技术进步与技能升级、技能偏向型技术进步与工

---

① Goos, Maarten, Alan Manning, and Anna Salomons, "Explaining Job Polarization: the Roles of Technology, Offshoring and Institutions", *Center for Economic Studies Discussions Paper Series (DPS)* 11.34, 2011. http://www.econ.kuleuven.be/ces/discussionpapers/default.htm.

② Goos, Maarten and Alan Manning, "Lousy and Lovely Jobs: the Rising Polrarization of Work in Britain", *Review of Economics and Statistics*, Vol. 89, 2007, pp. 118 - 133.

③ Coellia, Michael and Jeff Borlandb, "Job Polarisation and Earnings Inequality in Australia", *Economic Record*, Vol. 92, 2016, pp. 1 - 27.

④ Macías, Enrique Fernǘndez, "Job Polarization in Europe? Changes in the Employment Structure and Job Quality, 1995 - 2007", *Work and Occupations*, Vol. XX, No. X, 2012, pp. 1 - 26.

⑤ Jerbashian, Vahagn, "Automation and Job Polarization: On the Decline of Middling Occupations in Europe", *UB Economics Working Papers*, No. 348, 2016.

⑥ Oesch, Daniel and Jorge Rodriguez Menes, "Upgrading or Polarization? Occupational Change in Britain, Germany, Spain and Switzerland, 1990 - 2008", *Socio - Economic Review*, Vol. 9, 2010, pp. 29.

⑦ Bockerman, Petri, Seppo Laaksonen, and Jari Vainiomaki, "Is there Job Polarization at the Firm Level?", *School of Management*, *University of Tampere*, *Finland*, *Working Paper*, No. 91, 2013.

⑧ Medina, Carlos A. and Christian M. Posso, "Technical Change and Polarization of the Labor Market: Evidence for Colombia, Brazil and Mexico", *Banco De La Republica*, *Colombia*, *Borradores de*, *Economia*, No. 614, 2010.

资不平等三个角度分别论述技能偏向型技术进步对就业和工资的影响机制。

1. 技能偏向型技术进步、技能需求与技能溢价

（1）技术进步的非中性

新古典经济增长理论认为，资本与劳动的替代弹性不变，技术进步是带动经济长期增长的唯一动力，从而技术进步在推动经济增长的过程中不改变资本与劳动的替代关系，因此技术进步是中性的。然而，现实中技术进步却是偏向于某一要素的，因此引起了对技术进步非中性的研究。

技术进步的非中性问题最早由 Hicks 在《工资理论》一书中开始研究。Hicks 将发明创造分为劳动节约型、中性和资本节约型，并认为绝大部分发明都是劳动节约型的，从而降低劳动的相对份额。生产要素相对价格的变化会引起不同类型的发明创造：引致型发明和自发性发明。所有的引致型发明都是劳动节约的，会引起劳动绝对份额和相对份额的下降，从而降低劳动的实际收入。① 从希克斯的观点可以看出，他所认为的引致型发明支持了技术会替代较低技能劳动者的观点，但还未涉及技术会增加高技能劳动的特性。因此可以得出，希克斯所论述的引致型发明是低技能替代性的技术进步，会同时降低低技能劳动的就业和收入。随后，Kennedy 和 Samuelson 进一步发展了希克斯的理论。Kennedy 提出了引致偏向创新理论，他认为资本品价格变化会引起不同类型的创新选择，如果劳动成本高于资本成本，则会引起劳动节约型创新。② Samuelson 在 Kennedy 研究的基础上认为，资本劳动的替代弹性在 1 上下变化时，会引起劳动增强型或劳动节约型发明。③ 另外，Rothbarth、Habbakuk 也利用引致型劳动节约发明理论解

① Hicks J. R., *The Theory of Wages*, Palgrave Macmillan, Second Edition, 1963, pp. 121 - 127.

② Charles Kennedy, "Induced Bias in Innovation and the Theory of Distribution", *The Economic Journal*, Vol. 74, 1964, pp. 541 - 547.

③ Samuelson, Paul A., "A Theory of Induced Innocation along Kennedy - Weisacker Lines", *The Review of Economics and Statistics*, Vol. 47, 1965, pp. 343 - 356.

释了美国繁荣的历史。[①][②]

早期的研究认为，经济增长只能依靠资本和劳动投入，并将技术进步作为外生变量，之后的研究将技术进步内生化，并增加了大量微观基础作为理论支持。随后的研究将技术进步内生化。Romer 认为，研发是技术进步的主要方式，企业的研发行为是受到利润最大化影响的自发行为，因此技术进步是内生的。[③] Grossman 和 Helpman 将创新内生化并研究了创新与模仿之间的关系。[④] Aghion 和 Howitt 将创新作为技术进步的一种形式内生化。[⑤] Gancia 和 Zilibotti 将技术内生化，并指出横向创新对经济增长的重要性。[⑥] 这些研究从企业微观角度丰富和发展了内生技术进步理论，成为技能偏向型技术进步理论发展的重要理论基础。

在此基础上，Acemoglu（1996，1997，2002，2005）从技术进步方向的角度进一步丰富技能偏向理论，提出了导向型技术进步理论。该理论认为，技能分为技能和非技能两类，技术进步不仅具有替代非技能劳动的一面，也具有互补和增加技能劳动的一面。在劳动供给需求、技术市场规模影响下，技术进步表现出不同的技能偏向型。19 世纪的非技能劳动供给大幅上升，使得劳动成本大幅下降，在非技能技术有较大市场规模时，企业考虑到利润最大化，会选择雇用更多非技能人员和引进非技能技术，从而使技术进步往非技能方向发展，技术进步体现出非技能互补性；20 世纪的技能劳动供给增加，随着技术不断进步，技能偏向技术的市场规模逐渐变大，此时技能劳动供给大幅上升带来了技能人员工资下降，给技能互补型技术的广泛使用提供了

---

① Rothbarth, E., "Causes of the Superior Efficiency of U. S. A. Industry as Compared with British Industry", *The Economic Journal*, Vol. 56, 1946, pp. 383 – 390.

② Habakkuk, H. J., *American and British Technology in the Nineenth Century: Search for Labor Saving Inventions*, Cambridge University Press, 1962.

③ Romer, Paul M., "Endogenous Technological Change", *The Journal of Political Economy*, Vol. 98, 1990, pp. 71 – 102.

④ Grossman, Gene M., and Elhanan Helpman, "Quality Ladders and Product Cycles", *The Quarterly Journal of Economics*, Vol. 106, 1991, pp. 557 – 586.

⑤ Aghion, Philippe, and Peter Howitt, "A Model of Growth Through Creative Destruction", *Econometrica*, Vol. 60, 1992, pp. 324 – 351.

⑥ Gancia, Gina, and Fabrizio Zilibotti, "Chapter 3: Horizontal Innovation in the Theory of Growth and Development", *Handbook of Economic Growth*, Part A, Vol. 1, 2005, pp. 111 – 170.

条件，当企业考虑到技能偏向型技术进步会提高劳动生产率以及较低的技能劳动工资时，在利润最大化的激励下，企业会对技能劳动和非技能劳动加以区分，并增加技能劳动的工作岗位和雇用更多技能劳动者，同时引进技能偏向型技术，技能偏向型技术进步得以快速发展，此时，技术进步体现出技能互补性。

（2）技能偏向型技术进步与技能需求

技能需求加速

技能偏向型技术进步增加技能需求的证据是技能需求加速。1970—1995 年，大学毕业生的供给不断增长，按照供给需求理论，此时大学生工资会下降，但实际却是大学生工资不断上升。由此可知，大学毕业生的需求在 1970—1995 年增长更快，从而超过了大学生供给增长，Autor et al. 称之为需求加速。[①] 那么，大学毕业生需求加速的原因是什么呢？由于 20 世纪八九十年代以计算机的普及为主要特征，Autor et al. 认为，在技能需求增长的产业，计算机投资份额占据较大比重，带动了技能升级和技能需求加速上升。Kruger 指出，这种技能需求上升是计算机在工作中的普及引起了部门内部劳动需求结构变化的结果。[②]

技术与技能的互补性

根据 Acemoglu 的导向型技能偏向型进步理论，新的技术进步方向具有技能偏向型，并通过互补性增加技能需求。由于受到高等教育的就业者在应对新技术调整和使用方面具有比较优势，因此引进新技术的企业会增加对技能劳动的需求。[③] 技术与技能的互补性主要有三种形式。第一种形式，设备资本价格下降。设备资本相对价格下降，导致公司大量采用设备资本进行生产。第二种形式，人力资本提高。受到高等教育的工人能花费更少的成本学习和适应新技术。第三种形式，组织形式转变。信息沟通成本降低了组织形式转变的公司的数据存储、

① Autor, David H., Lawrence F. Katz, and Alan B. Krueger, "Computing Inequality: Have Computers Changed the Labor Market?", *NBER Working Paper*, No. 5956, 1997.

② Kruger, Alan B. "How Computers Have Changed the Wage Structure: Evidence from Microdata, 1984 - 1989", *The Quarterly Journal of Economics*, Vol. 108, 1993, pp. 33 - 60.

③ Bartel, Ann P., and Frank R. Lichtenberg, "The Comparative Advantage of Educated Workers in Implementing New Technology", *The Review of Economics and Statistics*, LXIX1987, pp. 1 - 11.

交流、管理和监管的成本，就业者可以从事多种工作，那些技能较高的就业者可以从事多种工作并从组织变化中获益。①

在产业层面，技能偏向型技术会增加技能需求。Goldin 和 Katz 利用美国制造业数据分析了技能与技术的关系。作者指出，对于经历了从工厂组装线生产方式到批量生产方式（先进技术）转变的产业来说，这类产业购买更多电力的同时会雇用更多的受教育蓝领技能工人，因此美国制造业中呈现技能与技术的互补关系。② Berman 等对美国制造业的技能劳动需求进行了分析，指出该产业出现了远离非技能人员和转向技能人员的趋势。主要原因是，由于产业在计算机投资和研发的投入不断增加，对非生产性人员需求上升，因此劳动节约型技术进步是非技能人员就业下降和技能人员就业上升的主因。③ Baltagi 和 Rich 利用一般指数法对美国制造业生产性和非生产性人员的份额变化原因进行了分析，认为非中性的技术进步引起了份额变化，仪器、通信设备、个人电脑和软件等都是重要的技术进步形式。④ 在公司层面，Bresnahan 等认为，以新信息技术和工作场所再组织为代表的技能偏向型技术进步与技能需求是互补的，那些采用这些技术创新的公司会使用更多的技能劳动，IT 与组织形式结合在一起，会放大对技能劳动的需求。⑤

技能偏向型技术进步还会通过引起工作结构的变化来增加技能劳动的需求。Acemoglu 将技能需求内生化，当技能人员供给增加且生产率提高时，企业会为技能、非技能人员创造不同的岗位，从而使技能

---

① Violante, Giovanni L. , *Skill – Biased Technical Change*, The New Palgrave Dictionary of Economics, Palgrave Macmillan, London, 2008.

② Goldin, Claudia and Lawrence F. Katz, "Technology, Skill, and the Wage Sturcture: Insights from the past", *The American Economic Review*, *Papers and Proceedings of the Hundredth and Eighth Annual Meeting of the American Economic Association San Francisco*, CA, Vol. 86, 1996, pp. 252 – 257.

③ Berman, Eli, John Bound, and Zvi Griliches, "Changes in the Demand for Skilled Labor within U. S. Manufacturing: Evidence from the Annual Survey of Manufactures", *The Quarterly Journal of Economics*, Vol. 109, 1994, pp. 367 – 397.

④ Baltagi, Badi H. and Daniel P. Rich, "Skill – Biased Technical Change in U. S. Manufacturing: A General Index Approach", *IZA Discussion Paper* , No. 841, 2003.

⑤ Bresnahan, T. F. Brynjolfsson, E. , and Hitt, L. M. , "Information Technology, Workplace Organization, and the Demand for Skilled Labor: Firm – Level Evidence", *The Quarterly Journal of Economics*, Vol. 117, 2002, pp. 339 – 376.

人员与非技能人员的工资差距不断拉大。①

除美国外，欧洲大多数国家也经历了技能偏向型技术进步以及就业升级。Machin 和 Reenen 指出，很多研发密集型产业呈现出非生产性人员和受高等教育人员就业和收入快速上升的特征，因此研发强度与技能升级存在显著正向关系。② Berman 等认为在开放型经济条件下，新技术可以快速扩散，使扩散性技术进步引起 OECD 12 国制造业技能升级和技能需求上升。③ Bratti 和 Matteucci 以研发密度为技术进步的变量，分析了技术进步对白领—蓝领技能比例的影响，结果表明，意大利制造业与其他国家稍有不同，该国技能偏向型技术进步主要以降低非技能人员就业为代价，对非生产性工人就业影响不大。④

总之，目前技能偏向型技术进步发挥了两个作用：整体就业的技能升级和高技能就业需求上升。技能偏向型技术进步还发挥了第三个作用：提高技能溢价。

（3）技能溢价

1979—1995 年，美国大学生工资相对高中毕业生工资大幅上升了 25%，整体的工资不平等不断加剧。从供给与需求角度分析，大学生供给大于需求时，大学生教育回报和技能溢价就会上升；反之，会下降。Autor 等指出，美国技能溢价上升是由技能需求增长和技能供给波动性增长共同引起。⑤ 供给与需求的相互作用关系是引起技能溢价变化的主因，下面从需求、供给、劳动市场制度三个角度分析影响技能

① Acemoglu, Daron, "Changes in Unemployment and Wage Inequality: An Alternative Theory and Some Evidence", *Working Paper*, No. 96 – 15, Department of Economics, Massachusetts Institute of Technology, 1996.

② Machin, Stephen and John Van Reenen, "Technology and Changes in Skill Structure: Evidence from Seven OECD Countries", *The Quarterly Journal of Economics*, Vol. 113, 1998, pp. 1215 – 1244.

③ Berman, Eli, John Bound, and Stephen Machin, "Implications of Skill – Biased Technological Change: International Evidence", *The Quarterly Journal of Economics*, Vol. 113, 1998, pp. 1245 – 1279.

④ Btatti, Massimiliano and Nicola Matteucci, "Is There Skill – Biased Technological Change in Italian Manufacutring? Evidence from Firm – Level Data", *Quaderni Di Ricerca*, No. 202, Dipartimento Di Economia, Universita Politecnica Delle Marche, 2004.

⑤ Autor, David H., Lawrence F. Katz, and Melissa S. Kearney, "Trends in U. S. Wage Inequality: Re – Assessing the Revisionists", *NBER Working Paper*, No. 11627, 2005.

溢价的因素。

首先，技能偏向型技术进步。从需求方面来看，技能需求的增加带来了技能工资上涨和技能溢价上升。Katz 和 Murphy 指出，高等教育和女性的就业比例不断上升，就是技能需求上升的证据。[①] 那么是什么原因导致了技能供给需求上升呢？Acemoglu 认为是技能偏向型技术进步。技能偏向型进步与技能互补，会增加技能劳动需求和就业，同时带来大学生教育回报的上升。由于同一时期大学生供给增速较快，可以推测出技能需求的增速更快且大于大学生供给，产生这一现象的原因是技能偏向型技术进步的技能偏向引起了技能需求加速增长，并超过了供给增长，从而在大学生供给增加时同样出现了教育回报和技能溢价上升。[②] Bell 和 Bresnahan 的研究证实，在 20 世纪 80 年代，计算机的使用提高了劳动生产率和增加了技能需求，低技能需求降低，从而使得技能劳动的教育回报和技能溢价上升。[③④]

其次，教育供给。从供给角度分析，技能溢价不仅由技能偏向型技术进步导致的技能需求加速引起，还受到技能供给增速放缓的影响。Nahuis 指出，技能需求的增速还会继续保持过去几十年的增速，但是技能供给的速度却在下降，使得需求大于供给。[⑤] 然而，引起供给变化的影响因素还很少受到关注。Freeman 认为 20 世纪 80 年代大学生供给增加的原因是美国受到了“过度教育”，大量受到高等教育的劳动力进入市场，从而使很长一段时间美国的劳动供给不断上涨。[⑥]

最后，最低工资制度、去工会化。20 世纪八九十年代，除了技术

---

① Katz, Lawrence F. and Kevin M. Murphy, “Changes in Relative Wages, 1963 – 1987: Supply and Demand Factors”, *The Quarterly Journal of Economics*, Vol. 107, 1992, pp. 35 – 78.

② Acemoglu, Daron, “Technical Change, Inequality, and the Labor Market”, *Journal of Economic Literature*, Vol. 40, No. 1, 2002, pp. 7 – 72.

③ Bell, Brain D., “Skill – Biased Technical Change and Wages: Evidence from a Longitudinal Data Set.”, Institute of Economics & Statistics, University of Oxford, 1996, https://www.nuff.ox.ac.uk/economics/papers/1996/W25/computer.pdf.

④ Bresnahan, Timothy F., “Computerization and Wage Dispersion: An Analytical Reinterpretation”, *The Economic Journal*, Vol. 109, 2001, pp. 390 – 415.

⑤ Nahuis, Richard and Henri L. F. de Groot, “Rising Skill Premia You ain't Seen Nothing yet?”, *Discussion Paper Series* 03 – 02, Utrecht School of Economics, Tjalling C. Koopmans Research Institute, 2003.

⑥ Freeman, Richard B., *The Overeducated American*, New York: Academic Press, 1976.

进步外，去工会化也是影响工资不平等的主因①，其中工会中的最低工资制度对工资不平等的促进作用至少和供给需求因素一样重要。② 工会具有设定工资、影响劳动培训和减少公司解雇低技能就业者权利等一系列权力，从而提高了技能劳动者工资和福利待遇。③ Acemoglu 认为，由于失业保险较高，使得等待高收入工作的成本降低，那些接受了低工资的工人认为获得高收入工资的可能性较大，从而选择等待高收入工作。由于低收入工资获得的收益下降了，企业因此不得不创造更多高收入工资，从而提高了总体劳动生产率以及低技能劳动的福利。④ 工会制度不仅使低技能劳动者工资上升和留在工会，还抑制了高技能劳动者的工资，引起高技能人员产生负向选择而离开工会。因此，工会通过抑制技能工资的方式降低了工会内部的工资差距。⑤⑥ 另外，劳动市场制度的不完善也可以解释欧洲的失业现象。⑦

尽管工会内部的工资不平等缓解，但是技能和非技能劳动者之间的工资不平等进一步加剧。工会将租金从技能人员转移到非技能人员，从而达到增强效率的行为，引起了技能人员去工会化的倾向。由于技能人员与技能偏向型技术进步互补，当技能偏向型技术进步水平较低时，工会提供给技能人员的益处会超过工资抑制带来的成本，技能人员会选择留在工会。当技能偏向型技术进步水平提高时，技能人员会

① Firgo, Sergio, Nicole M. Fortin and Thomas Lemieux, "Occupational Tasks and Changes in the Wage Structure", *Discussion paper series*//Forschungsinstitut zur Zukunft der Arbeit, No. 5542, http://nbn-resolving.de/urn: nbn: de: 101: 1-201104133571.

② Dinardo, John, Nicole M. Fortin and Thomas Lemieux, "Labor Market Institutions and the Distribution of Wages, 1973-1992: A Semiparametric Approach", *Econometrica*, Vol. 64, 1996, pp. 1001-1044.

③ Machin, Stephen and John Van Reenen, "Technology and Changes in Skill Structure: Evidence from Seven OECD Countries", *The Quarterly Journal of Economics*, Vol. 113, 1998, pp. 1215-1244.

④ Acemoglu, Daron, "Good Jobs versus Bad Jobs", *Journal of Labor Economics*, Vol. 19, 2001, pp. 1-21.

⑤ Card, David, "The Effect of Unions on the Structure of Wages: A Longitudinal Analysis", *Econometrica*, Vol. 64, 1996, pp. 957-979.

⑥ Nahuis, Richard and Henri L. F. de Groot, "Rising Skill Premia You ain't Seen Nothing yet?", *Discussion Paper Series* 03-02, Tjalling C. Koopmans Research Institute, 2003.

⑦ Blanchard, Olivier and Justin Wolfers, "The Role of European Unemployment: the Aggregate Evidence", *The Economic Journal*, Vol. 110, 2000, pp. C1-C33.

面临工会外部较高的生产率和工资，在工会工资抑制存在的情况下，技能人员为了追求高生产率和高工资选择离开工会，形成了去工会化。那么，技能人员与非技能人员的工资差距因生产率不同而扩大。[①] 工会虽然会缓解内部工资不平等，但是长期来看，去工会化却会加剧技能间的工资不平等。去工会化对工资不平等的影响作用通过国际比较得到验证。[②]

2. 常规化假设、就业极化与工资极化

由于美国在20世纪80年代出现了高、低技能劳动就业份额不断上升和中等技能劳动就业份额下降的现象，由于技能偏向型技术进步理论只能解释整体技能升级、技能溢价上升以及高技能就业上升和低技能就业下降，对中等技能劳动就业份额下降和低技能就业份额上升失去了解释力。在技能偏向型技术进步基础上，常规偏向型技术进步理论很好地解释了就业极化和工资极化现象。这一部分将介绍常规化假设对就业极化和工资极化的影响机制。

（1）常规化假设与就业极化

常规化假设认为，计算机资本会替代从事认知性和手工任务的工人，并互补从事非常规性问题解决和复杂交流任务的工人。具体而言，根据工资、受教育水平和行业，将从业者技能分为高、中、低技能三类。从所从事的任务特性来看，可以将任务分为认知任务、手工任务和抽象任务三类，认知任务是常规性任务，抽象任务是非常规性任务，手工任务包括常规性任务和非常规性任务两类。在现实中，高、中、低技能劳动者分别从事非常规性抽象任务、常规性认知任务和手工任务以及非常规性手工任务。从第三次工业革命开始，电脑控制的机器就可以很轻易地替代常规性手工任务。由于常规性任务具有程序固定和重复性的特点，随着计算机技术的发展，计算机的信息处理能力大幅度提升，一些常规性认知任务可以实现计算机编程，如计算、整合工作，计算机成本的下降，以及带来的劳动生产率大幅提高，促使企

---

① Acemoglu, Daron, Philippe Aghion, and Giovanni L. Violante, "Deunionization, Technical Change and Inequality", *Carnegie – Rochester Conference Series on Public Policy*, Vol. 55, 2001, pp. 229 – 264.

② Antonczyk, Dirk, Thomas DeLeire, and Bernd Fitzenberger, "Polarization and Rising Wage Inequality: Comparing the U. S. and Germany", *Discussion Paper*, No. 10 – 15, 2010.

业选择以计算机替代劳动，即用计算机替代了图书管理员、出纳员、电话操作员以及其他重复处理信息的从业者。然而，对于一些需要灵活性、创造性、问题解决能力和复杂沟通能力的常规性抽象任务和手工任务，计算机能力还很有限。因此，专家、管理者、教师、程序员等从事非常规性抽象任务从业者和门卫、清洁工、健康护理等从事非常规性手工任务的从业者没有被计算机所替代。由于计算机操作需要高技能人员完成，因此计算机普及提高了高技能劳动者就业需求。①

Acemoglu 和 Autor 建立了任务分析法，利用技能和任务的动态匹配关系来分析就业极化现象的产生原因。对于任务和技能而言，两者的定义是有区别的。基本的生产单元是工作任务，技能和任务联合在一起相互作用生产出产品。任务具有不同的复杂度，根据、高、中低三种技能的比较优势来分配到不同复杂度的任务中，从而形成了技能到任务的分配。均衡条件下，任务的技能分配范围由两个阈值组成：L 和 H。低于 L 阈值的任务由低技能劳动从事，需要身体灵活性和适应性，对应服务业、手工业，且不易被自动化取代；高于 H 阈值的任务由高技能劳动从事，需要抽象推理、创造性和问题解决能力，对应专家、管理者、技术人员，也不易被替代；处于 L 和 H 之间的任务由中等技能人员从事，具有特定程序，对应蓝领和部分白领，较容易被自动化。高技能人员供给增多时，或技术进步使得高技能人员生产率更高时，阈值 H 将会下降。此时 H 下降而 L 不变，中等复杂度的任务范围和数量变少，从事该任务的中等技能人员会出现“过剩供给”。当劳动成本高于自动化成本时，任务就会被自动化，公司会选择使用中等技能人员替代低技能人员来从事低复杂度的任务，从而使从事中间复杂度任务的中等技能劳动减少，表现出中等复杂度任务从业者就业下降。因此，技术进步不是直接替代劳动，而是直接替代不同技能劳动所从事的任务，从而间接替代了相应技能劳动。②③ 被替代的技能

---

① Autor, David H., Frank Levy and Richard J. Murnane, “The Skill Content of Recent Technological Change: An Empirical Exploration”, *The Quarterly Journal of Economics*, Vol. 118, 2003, pp. 1279 – 1333.

② Acemoglu, Daron and David Autor, “Skills, Tasks and Technologies: Implications for Employment and Earnings”, *NBER Working Paper*, No. 16082, 2010.

③ Autor, David H., “The ‘Task Approach’ to Labor Markets: An Overview”, *Journal for Labour Market Research*, Vol. 46, 2013, pp. 185 – 199.

劳动由于生产率低于自动化，相应工资也会下降。Jung 和 Mercenier、Goos 等的研究利用任务方法进行实证检验，结果也表明常规偏向型技术进步是就业极化的主因。①②

Cortes 等却认为，技术进步带来的自动化不是就业极化的主因，职业转换率和个人职业偏好才是影响常规就业下降的主因。从宏观层面来看，职业转换率的变换导致了常规性就业下降。从微观层面来看，职业转换率的变化受到年轻人个人偏好的影响。因为年轻人倾向于在高技能职业就业，不倾向于在中等技能职业就业，从而引起中等技能就业因无法进入所需要的新劳动力而就业情况堪忧，同时存在大量年轻人的暂时失业。③④ 在职业转换率变化的情况下，Jaimovich 和 Siu 认为，被替代的中等技能劳动有两种状态，一种是进入高技能职业就业，另一种是摩擦失业。在搜寻—匹配模型中，中等技能劳动者没有能力从事高技能人员从事的非常规性认知任务。由于高中技能人员生产率不同，受到技术替代的影响，中等技能人员会选择离开常规性任务市场，进入就业转换市场。在此之后，工作寻找率不同会引起两种情况：一种是由于工作寻找率较高，一部分中等技能就业者在就业转换市场通过学习获得了高技能，慢慢进入了非常规性任务市场就业，成功转向高技能职业就业；另一种情况是，由于工作寻找率较低，一部分中等技能就业者没有成功进入高技能人员就业市场就业，从而处于摩擦失业状态。总之，常规性职业的就业受到职业转换率个人偏好的影响而下降。⑤

在常规化假设解释了中等技能就业下降后，就业极化中的低技能人员

① Jung, Jaewon and Jean Mercenier, "Routinization - Biased Technical Change, Globalization and Labor Market Polarization: Does Theory Fit the Facts?", HAL Id: halshs - 00856105, 2010, https: //halshs. archives - ouvertes. fr/halshs - 00856105.

② Goos, Maarten, Anna Salomons, and Marieke Vandeweyer, "Job Polarization During the Great Recession and Beyond", *KU Leuven Euoforum*, No. 1425, 2013.

③ Cortes, Guido Matias, Nir Jaimovich, Christopher J. Nekarda, and Henry E. Siu, "The Micro and Macro of Disappearing Routine Jobs: A Flows Approach", *NBER Working Paper*, No. 20307, 2014.

④ Cortes, Guido Matias, Nir Jaimovich, and Henry E. Siu, "Disappearing Routine Jobs: Who, How, and Why?", *NBER Working Paper*, No. 22918, 2016.

⑤ Jaimovich, Nir and Henry E. Siu, "The Trend is the Cycle: Job Polarization and Jobless Recoveries", *NBER Working Paper*, No. 18334, 2012.

就业为何会上升呢？从产品与服务的消费者偏好角度来看，Autor 和 Dorn 认为，在常规性任务被替代的前提下，常规性任务提供的实物产品和非常规性手工任务提供的服务产品之间的替代互补关系决定了服务业就业是否上升。考虑到非中性技术进步会降低常规性任务成本和提高生产率，必然导致常规性任务被替代和实物产出增加。同时，服务业提供的服务是计算机无法提供的，因此服务业无法被计算机替代。消费者对产品与服务的偏好存在两种关系：替代和互补关系。如果消费者偏好认为服务不可以被产品完全替代或微弱互补，那么由于劳动生产率提高带来了产品产出增加，从而引起服务产品产出增加，更多低技能就业者被吸纳进入服务业，带动了服务业就业和工资上升。此时，高技能人员就业上升、中等技能人员就业下降和低技能人员就业上升。如果消费者偏好认为服务可以被产品完全替代，那么劳动生产率和实物产出增加时，服务的需求和产出就会下降，从而服务业就业下降。此时，高技能人员就业上升，中等和低技能人员就业均下降，无法确定低技能人员就业是否高于中等技能人员。从现实情况来看，服务业就业是上升的，由此可知，就业极化是由互补的产品与服务引起的。① Bockerman 等对芬兰的研究也表明，消费者对产品需求的转换是服务业密集型公司的就业份额不断上升的原因。②

从劳动替代和流动的角度来看，Autor 和 Dorn 指出，被替代的常规性任务从业者流向了服务业，使得低技能就业上升。在低技能就业者中，有一部分从事常规性任务，计算机成本下降，使常规性任务从业者被计算机带来的自动化所替代，引起工资下降。受此影响，那些被替代的低技能就业者会选择进入服务业就业，再分配自身技能供给。因此，服务业就业显著上升，超过了低技能非服务业就业的下降，从而使得总体低技能就业上升，形成了就业极化。其中，常规性职业从业者包括大学生和非大学生两类技能人群，其中被替代的大学生就业

① Autor, David H. and David Dorn, "Inequality and Specialization: The Growth of Low - Skill Service Jobs in the United States", *IZA Discussion Paper*, No. 4290, 2009.

② Bockerman, Petri, Seppo Laaksonen, and Jari Vainiomaki, "Are Jobs More Polarized in ICT Firms?", *IZA Discussion Paper*, No. 9851, 2016.

者会流向高技能和低技能职业，非大学生会流向低技能的非常规性职业。[①②] 因此，对于被替代的中等技能人员主要由常规性职业转换到非常规性职业中，部分能力较低且从事常规职业的从业者会转换到非常规性手工职业中。[③] Manning 还认为，低技能就业者必须在非贸易部门工作，并且在物理上接近高技能就业者，才能保证未来服务业就业不断上升。[④]

除了美国，在出现就业极化的大多数欧洲国家中，中等技能人员就业大幅下降的职业主要集中在常规密集型产业中，尤其是制造业就业下降显著，服务业就业上升，因此常规化假设也可以解释其他国家的就业极化现象。[⑤⑥⑦⑧⑨⑩⑪]

虽然中等技能人员被大量替代，但是仍然不会消失，因为技术进步没有降低整体就业数量，只是通过就业极化改变了就业质量。虽然

---

① Autor, David H. and David Dorn, "This Job is Getting Old: Measuring Changes in Job Opportunities Using Occupational Age Structure", *IZA Discussion Papers*, No. 3970, http://nbn-resolving.de/urn:nbn:de:101:1-2009021091.

② Auor, David H. and David Dorn, "The Growth of Low Skill Service Jobs and the Polarization of the US Labor Market", *Discussion Paper Series*, *Forschungsinstitut zur Zukunft der Arbeit*, Vol. 103, No. 5, 2003, pp. 1553-1597.

③ Cortes, Guido M., "Where Have the Middle-Wage Workers Gone? A Study of Polarization Using Panel Data", *Journal of Labor Economics*, Vol. 34, 2016, pp. 63-105.

④ Manning, Alan, "We Can Work It Out: The Impact of Technological Change on the Demand for Low-Skill Workers", *CEP Discussion Paper*, No. 640, 2004.

⑤ Bisello, Martina, "Job Polarization in Britain from a Task-Based Perspective. Evidence from the UK Skills Surveys", *Department of Economics and Management*, *University of Pisa Discussion Papers*, No. 160, revised version, 2013, http://www.dse.ec.unipi.it/index.php?id=52.

⑥ Adermon, Adrian and Magnus Gustavsson, "Job polarization and taskbiased technological change: Sweden, 1975-2005", *Working Paper* No. 15, 2011, Department of Economics, Uppsala University, 2011, http://nbn-resolving.de/urn:nbn:se:uu:diva-159302.

⑦ Böckerman, Petri, Seppo Laaksonen, and Jari Vainiomäki, "Is there job polarization at the firm level?", *Working Paper*, No. 91, School of Management, University of Tampere, Finland, 2013.

⑧ Fonseca, Tiago, Francisco Lima, and Sonia C. Pereira, "Job polarization, technological change and routinization: evidence for Portugal", *Labour Economics*, Vol. 51, 2018, pp. 317-339.

⑨ Jerbashian, Vahagn, "Automation and Job Polarization: On the Decline of Middling Occupations in Europe", *Universitat de Barcelona Economics Working Papers*, No. 348, 2016.

⑩ Heyman, "Job Polarization, Job Tasks and the Role of Firms", *IFN Working Paper*, No. 1123, 2016.

⑪ Barany, Zsofia, and Christian Siegel, "Job Polarization and Structural Change", *Sciences Po Economics Discussion Papers*, No. 7, 2015.

有部分中等技能就业因替代下降，但是另一类中等技能职业得以创造。①②③

（2）常规化假设与工资不平等

就业极化不一定出现工资极化，但会伴随着工资不平等加剧。常规化假设理论中的任务分析法可以用来解释工资极化和不断加剧的工资不平等。根据常规化假设和任务分析法的理论，任务价格和技能工资是动态匹配的。不同的技能水平会受到收入和比较优势的影响，来选择从事某种任务。当常规性任务被计算机所从事，相应的技能转移到低技能或选择失业，那么中等技能工资与原来相比就会下降。而非常性手工任务没有被替代，且社会需求上升带动了就业上升，因此工资也随之上升。因此形成了高低技能人员工资上升和中等技能人员工资下降的工资极化现象。除了工资极化，高技能的收入增长远快于中低技能收入增长，因此工资不平等不断加剧。④ Böhm 认为，由于任务价格和技能工资是不同的，常规偏向型技术进步会直接影响任务价格，而不是工资。因此，在常规偏向型技术进步的影响下，常规性任务的价格下降，而抽象任务、手工任务的价格会上升，从而引起工资极化。另外，任务价格变化会导致高收入群体间的工资不平等上升，尤其是男性从业者。⑤

Cortes 从职业流动的角度指出，低技能的常规职业从业者会流向非常规手工职业，高技能的常规职业从业者流向了非常规认知性职业。短期来看，低技能职业转换者工资增长低于常规职业滞留者，但长期

---

① Autor, David H., David Dorn, and Gordon H. Hanson, "Untangling Trade and Technology: Evidence from Local Labor Markets", *NBER Working Paper*, No. 18938, 2013.

② Autor, David H. and David Dorn, "How Technology Wrecks the Middle Class", *The New York Times*, 2013 - 8 - 24, https://opinionator.blogs.nytimes.com/2013/08/24/how - technology - wrecks - the - middle - class/.

③ Holzer, Harry, "Job Market Polarization and U. S. Worker Skills: A Tale of Two Middles", *Economic Studies*, The Brookings Institution, 2015, https://www.brookings.edu/wp - content/uploads/2016/06/polarization_ jobs_ policy_ holzer.pdf.

④ Autor, David H., Frank Levy, and Richard J. Murnane, "The Skill Content of Recent Technological Change: An Empirical Exploration", *The Quarterly Journal of Economics*, Vol. 118, 2003, pp. 1279 - 1333.

⑤ Böhm, Michael Johannes, "The Price of Polarization: Estimating Task Prices under Routine - Biased Technical Change", *IZA Discussion Papers*, No. 11220, 2017.

来看，前者工资增长快于后者；转型高技能职业的从业者工资均快于滞留者。因此，从常规职业转移到非常规职业的从业者工资增长快于常规职业滞留者，从而出现了就业极化现象。①

欧洲虽然出现了就业极化，但是只有英国出现了工资极化。技能偏向型技术进步引起的常规任务替代是这些国家工资极化和工资不平等加剧的主因。②③

（二）国际贸易

国际贸易主要有中间产品贸易和服务贸易两种形式，通过任务贸易、引致技能偏向型技术进步、服务离岸外包、中间产品投资、进口竞争等方式对技能和非技能劳动的就业和工资产生影响。下面分四个部分介绍国际贸易对就业和工资不平等的影响。

1. 任务贸易与离岸

任务贸易会增加低技能劳动需求和工资。任务贸易观点认为，任务贸易会引起生产率效应，生产率效应类似于要素放大型技术进步，会促进低技能劳动生产率和工资上升。Grossman 和 Rossi – Hansberg 认为，生产过程是一系列任务的集合，由于运输成本下降和通信技术发展，离岸成本不断下降。跨国公司的地理组织形式实现了任务在时间和空间的分离。由于任务贸易成本下降，低技能任务离岸成为可能。低技能任务离岸成本的下降引致了生产率效应、相对价格效应和劳动供给效应，后两种效应的影响较小。在低技能任务被离岸后，国内低技能劳动的劳动生产率得以提高，这一过程也叫生产率效应。生产率效应发挥了要素放大型技术进步的作用。受此影响，低技能劳动要素的生产率提高，从而收入随之上升。作者指出，这里所指的“任务”

---

① Cortes, Guido Matias, “Where Have the Middle – Wage Workers Gone? A Study of Polarization Using Panel Data”, *Journal of Labor Economics*, Vol. 34, 2016, pp. 63 – 105.

② Goos, Maarten and Alan Manning, “Lousy and Lovely Jobs: the Rising Polarization of Work in Britain”, *Review of Economics and Statistics*, Vol. 89, 2007, pp. 118 – 133.

③ Goos, Maarten, Alan Manning and Anna Salomons, “Explaining Job Polarization: Routine – biased Technological Change and Offshoring”, *American Economic Review*, Vol. 104, 2014, pp. 2509 – 2526.

与“中间投入品”是同义的。[①②] 欧洲的证据也表明，短期来看，外包对低技能劳动的工资产生负面影响；长期来看，外包对低技能劳动的工资影响为正。从现实情况来看，外包密度不断上升，带动了低技能劳动工资长期上升了3.3%。[③] Moore和Ranjan对美国劳动市场的研究证明了全球化虽然会降低技能劳动就业水平，但会增加非技能劳动就业水平。[④]

2. 技能偏向型技术进步与离岸

国际贸易借助技能偏向型技术进步，增加了技能劳动需求和工资，降低了低技能劳动需求和工资。在国际贸易中，离岸对技能需求和工资的影响等同于技能偏向型技术进步的一种，只不过离岸是通过不同的影响因素引致了技能偏向型技术进步，从而间接影响了技能需求和工资水平。

（1）引致型技能偏向型技术进步与产品价格

Acemoglu认为，在中间产品贸易中，单纯的国际贸易对技能需求和工资的影响较小相比，国际贸易通过产品价格变化引致技能偏向型技术进步，从而对技能劳动就业和工资不平等产生较大影响。由于贸易使得美国技能密集型产品相对价格有上升趋势，使得生产这些产品的技术需求上升，确保了发展这些新技术变得有利可图。由于技能偏向型技术进步是内生的，受到利润激励的影响，因此，技术带来的利润使得新技术的发展方向以技能偏向为导向。技能偏向型技术的发展增加了技能劳动需求和就业，因此长期来看，技能需求是不断上升的，从而在供给水平不能保证长期上升的情况下，技能溢价不断上升。因此，通过引致技能偏向型技术进步，国际贸易增加了技能需求和就业，

① Grossman, Gene M. and Esteban Rossi - Hansberg, “Trading Tasks: A Simple Theory of Offshoring”, *American Economic Review*, Vol. 98, 2008, pp. 1978 - 1997.

② Grossman, Gene M. and Esteban Rossi - Hansberg, “The Rise of Offshoring: It's not wine for Cloth anymore”, *Proceedings - Economic Policy Symposium - Jackon Hole*, *Federal Reserve Bank of Kansas City*, 2006, pp. 59 - 102.

③ Egger, Hartmut and Peter Egger, “International Outsourcing and the Productivity of Low - skilled Labor in the EU”, *WIFO Working Paper*, No. 132, 2001.

④ Moore, Mark P. and Priya Ranjan, “Globalisation vs Skill - Biased Technological Change: Implications for Unemployment andWage Inequality”, *The Economic Journal*, Vol. 115, 2005, pp. 391 - 422.

以及技能溢价。[①] Alexander 等对英国的研究也证明，国际外包与英国的非技能劳动需求有显著的负向关系。[②]

Acemoglu 等还认为，不同的离岸贸易量还会通过技能偏向型技术进步，对非技能劳动的工资产生不同的影响，当贸易量较大时，离岸会促进本国非技能劳动就业和工资上升。在引入技能偏向型技术进步的李嘉图贸易模型中，对于一件由技能产品和非技能产品组成并由一系列中间任务共同完成的最终产品而言，其中的一些生产任务可以由技能丰富的西方国家转移到技能稀缺的东方国家。技术进步既可以通过技能密集型产品价格上升而引起技能偏向型技术进步，也可以通过扩大市场规模，来促进非技能互补性技术的发展，从而引起非技能偏向型技术进步。这两种技术进步会产生哪一个，主要由贸易量决定。当离岸贸易量较小时，离岸会引起西方国家非技能劳动实际工资下降以及全球范围的技能偏向型技术进步和技能溢价上升；当离岸贸易量较大时，由于离岸缩小了东、西方国家非技能劳动的工资差距，离岸引致非技能偏向型技术进步。因此，离岸与技术进步在短期内是相互替代的，长期而言是互补的。[③]

（2）引致型技能偏向型技术进步与任务贸易

Acemoglu 和 Autor 从任务贸易角度出发，认为离岸外包是另一种形式的技能偏向型技术进步，国际贸易可以通过特定的任务贸易引致技能偏向型技术进步，来实现对技能劳动需求和工资的影响。在全球化背景下，通信技术和运输成本的下降促进了全球贸易，发达国家拥有最先进的技术，发展中国家拥有相对廉价的劳动力。比较优势的不同会使一些企业通过离岸和外包将这些特定任务转移到发展中国家，从而减少了发达国家低技能劳动的就业机会。由于发达国家拥有先进的技术，从而这种比较优势会让该国加强对这种优势的投资和技术发

---

① Acemoglu, Daron, "Pattern of Skill Premia", *Review of Economic Studies*, Vol. 70, 2003, pp. 199 – 230.

② Hijzen, Alexander, Holger Görg, and Robert C. Hine, "International Outsourcing and the Skill Structure of Labour Demand in the United Kingdom", *IZA Discussion Paper Series*, No. 1249, 2004.

③ Acemoglu, Daron, Gino Gancia and Fabrizio Zilibotti, "Offshoring and Directed Technical Change", *Working Paper*, No. 12 – 25, 2012.

展，从而使得发达国家的技术进步以技能为偏向，引起了技能偏向型技术进步。[①]

（3）技能偏向型技术进步、技术资本与外包

从技术资本角度来看，外包可以引起资本与技能的互补，从而增加技能劳动需求和工资，因此，外包发挥了技能偏向型技术进步的作用。对外投资会通过增加南方国家的资本储备或中性技术进步，增加南、北两国技能劳动的相对工资。[②③] 对高科技资本与外包分别对非生产性劳动者的工资影响进行比较发现，外包对工资的影响是高科技资本的两倍。[④]

3. 服务离岸外包

Blinder 将当前贸易分为个人服务贸易和非个人服务贸易，相应就业受到的影响不同。第三次工业革命带来了信息化，带动了通信技术的发展，与此同时，中国和印度等新兴发展中国家正在加快现代化步伐。受此影响，国家间贸易的比较优势也发生了变化。过去的比较优势建立在自然资源基础之上，当今比较优势更多来自人类的努力。一些国家具有科技优势，一些国家具有劳动力优势，不同国家的人为比较优势使得国际贸易结合了各个国家的比较优势，在此过程中，Bhagwati 赋予了离岸以“万花筒式的比较优势”，这种特征改变了贸易内容和贸易地位。在此背景下，可贸易的部门由制造业扩展到了服务业，贸易产品由物质产品扩展到服务。由于个人服务业需要面对面接触，所以不受离岸影响，如保安、健康护理等职业；而非个人服务业在通信技术发展下变得可以离岸，如医疗部门、教育服务以及会计、程序员等职业。随着技术发展，越来越多的非贸易服务变成了可贸易服务，服务业贸易逐渐超过制造业贸易，这种趋势将使美国服务业部门受到

---

① Acemoglu，Daron and David Autor，“Skills，Tasks and Technologies：Implication for Employment and Earnings”，*NBER Working Paper*，No. 16082，2010.

② Feenstra，Robert C. and Gordon H. Hanson，“Foreign Investment，Outsourcing and Relative Wages”，*NBER Working Paper*，No. 5121，1995.

③ Feenstra，Robert C. and Gordon H. Hanson，“Globalization，Outsourcing，and Wage Inequality”，*The American Economic Review*，Vol. 86，1996，pp. 240 – 245.

④ Feenstra，Robert C. and Gordon H. Hanson，“The Impact of Outsourcing and High – Technology Capital on Wages：Estimates for the United States，1979 – 1990”，*The Quarterly Journal of Economics*，Vol. 114，1999，pp. 907 – 940.

离岸的影响并逐渐超过制造业受到的影响。①②

另外，外包会降低低技能劳动就业水平，增加高技能劳动就业水平。外包对就业和工资的影响不同于传统的产品贸易。对于拥有丰富技能劳动的发达国家和非技能劳动的发展中国家而言，随着贸易任务增加，发达国家的技能劳动需求增长越快，技能劳动的实际收入增长就越快。美国有70%的工作处于服务产业，整体就业受到的影响将很大。在外包贸易中，一些特定职业会因面临被替代的风险而消失，如呼叫中心接话员、常规税收准备职业。一些高收入职业，如医疗服务、法律服务等职业会在外包中不断增加。③④ 利用可离岸性对工作进行分析表明，常规性工作比其他工作的可离岸性稍微高一些。⑤

尽管如此，服务业离岸贸易不会引起大量失业，但是会引起劳动力再分配。那些受到离岸影响的个人服务业中的劳动力将会逐渐失业或转移就业。⑥ Dossani 和 Kenney 研究了印度在发达国家服务离岸中产生的影响，指出制造业离岸最多会影响蓝领工人，但是服务业离岸会影响发达国家高技能就业。⑦ Crinò 研究了服务贸易对美国白领就业的影响，表明高技能职业的劳动需求弹性为正，中低技能劳动需求弹性为负，正向劳动需求弹性的职业拥有较高的可贸易性，且其弹性随着服务离岸而上升；当技能不变时，可贸易性较高的职业劳动需求弹性为负，且会被离岸。即服务外包会增加高技能劳动的就业水平，降低中低技能劳动的就业水平，或者服务外包有利于非可贸易职业就业，

---

① Blinder, Alan S., "Offshoring: The Next Industrial Revolution?", *Foreign Affairs*, Vol. 85, 2006, pp. 113 - 128.

② Bhagwati, Jagdish N., *A Stream of Windows: Unsettling Reflections on Trade, Immigration, and Democracy*, Cambridge, Mass: The MIT Press, 1998, pp. 3 - 28.

③ Bhagwati, Jagdish, Arvind Panagariya, and T. N. Srinivasan, "The Muddles over Outsourcing", *Journal of Economic Perspectives*, Vol. 18, 2004, pp. 93 - 114.

④ Oldenski, Lindsay, "Offshoring and the Polarization of the U. S. Labor Market", *ILR Review*, Vol. 67 (Supplement 2014, pp. 734 - 761.

⑤ Blinder, Alan S. and Alan B. Krueger, "Alternative Measures of Offshorability: A Survey Approach", *NBER Working Paper*, No. 15287, 2009.

⑥ Blinder, Alan S., "Offshoring: Big Deal, or Business as Usual?", *CEPS Working Paper*, No. 149, 2007.

⑦ Dossani, Rafiq and Martin Kenney, "The Next Wave of Globalization: Relocating Service Provision to India", *Industry Studies Association Working Papers*, WP - 2006 - 02, 2006.

不利于可贸易职业就业。[①]

4. 进口竞争

来自中国等发展中国家的进口竞争是发达国家制造业就业水平下降的原因之一。Autor 等认为，受到来自中国进口竞争的产业就业水平下降明显，尤其是制造业和非大学学历从业者。进口竞争引起的失业占制造业总体失业的 25%。常规任务密集型任务受到计算机化的影响，制造业和非制造业均出现了就业极化现象，即常规密集型生产和文书工作就业水平下降，抽象和手工密集型职业就业水平上升。主要原因是进口自中国的产品价格相对低廉，对国内相似产品产生了替代作用，引起国内相关产品尤其是制造业产品需求下降，进而导致就业水平下降。[②③]

Ebenstein 等（2011）从产业间职业流动角度研究了离岸对美国制造业就业的影响，结果表明，离岸对制造业工资影响较大。其中，被替代并离开制造业的从业者工资下降了 2%—4%，被替代并转换到服务业的从业者工资下降了 4%—11%，对制造业中的常规任务就业影响更显著。因此，离岸贸易使得劳动在职业间再分配，并通过劳动力再分配引起了制造业就业和工资下降。[④]

Keller 和 Utar 基于任务模型研究了进口竞争对丹麦就业极化的影响，结果表明，进口竞争是本国就业极化的主要原因，受影响的就业者集中在制造业，来自中国的进口竞争解释了中等收入群体就业下降的 17%。另外，被替代的中等收入就业者流向了低收入服务业和高收入职业，而 8% 的高收入职业就业增长归因于进口竞争。就业转移方向取决于接受专门技能培训的情况。那些接受了服务业职业培训的不

---

① Crinò, Rosario, "Service Offshoring and White - Collar Employment", *The Review of Economic Studies*, Vol. 77, 2010, pp. 595 - 632.

② Autor, David H., David Dorn, and Gordon H. Hanson, "Untangling Trade and Technology: Evidence from Local Markets", *NBER Working Paper*, No. 18938, 2013.

③ Autor, David H., David Dorn, and Gordon H. Hanson, "The China Syndrome: Local Labor Market Effects of Import Competition in the United States", *American Economic Review*, Vol. 103, 2013, pp. 2121 - 2168.

④ Ebenstein, Avraham, Ann Harrison, Margaret McMillan, and Shannon Phillips, "Estimating the Impact of Trade and Offshoring on American Workers Using the Current Population Surveys", *Policy Research Working Paper*, No. 5750, The World Bank Development Economics Vice Presidency, 2011.

会进入低收入服务业，拥有较高教育背景的就业者会转移到高收入职业中。[①]

总体而言，国际贸易尤其是以离岸外包为主的贸易形式，会引起出口国尤其是发达国家制造业以及部分非个人服务业就业下降，既能引起高技能就业水平上升，也能引起常规职业就业水平下降以及低技能职业生产率提高和收入上升，是就业极化形成的重要原因之一。

（三）对外投资

跨国企业通过对外投资，引起投资国投资相关领域的就业结构和工资发生变化。跨国企业的不同组织结构会引起就业和工资的变化有所差别。

Brainard 和 Riker 指出，在垂直化生产中，由于各发达国家的生产具有很大差异性，所以跨国公司的离岸行为会引起发达国家之间的就业互补，而附属公司所在国的就业与母国就业之间的替代性较小，只是附属公司所在的发展中国家之间的就业存在显著的替代关系。[②] Harrison 和 McMillan 在研究美国的国外附属公司对美国本国制造业就业的影响时，也得出了相似的结论。作者指出，低收入国家的就业会替代美国就业，而高收入国家的附属公司就业与美国就业互补。背后的原因是，对外投资增加了外国附属公司资本储备以及公司内贸易，从而影响了美国就业。离岸引起的发展中转国家就业水平上升占美国整体就业水平下降的25%。[③④]

（四）制度设计

国家制度设计是宏观层面影响一国人均收入水平的重要原因。Acemoglu 等指出，各国人均收入不同的根源在于国家制度的不同。在15世纪欧洲殖民主义时期，当时比较富裕的国家如今较贫穷，包括后来富裕起来的殖民地在内，这些现象的原因是欧洲殖民者引进了不同

---

① Keller, Wolfgang and Hâle Utar, "International Trade and Job Polarization: Evidence at the Worker – Level", *NBER Working Paper*, No. 22315, 2016.

② Brainard, S. Lael and David A. Riker, "Are U. S. Multinationals Exporting U. S. Jobs?", *NBER Working Paper*, No. 5958, 1997.

③ Harrison, Ann and Margaret McMillan, "Offshoring Jobs? Multinationals and U. S. Manufacturing Employment", *Review of Economics and Statistics*, Vol. 93, 2011, pp. 857 – 875.

④ Harrison, Ann and Margaret McMillan, "Offshoring, international trade, and American workers", *NBER Reporter Online*, 2011, pp. 8 – 11, http://hdl.handle.net/10419/61971.

的发展制度。欧洲殖民地国家的制度由欧洲的殖民政策决定并一贯延续下来的，欧洲殖民者在制定这些政策时会考虑到当地的实际。殖民者在一些人口死亡率较低的殖民地制定法律，鼓励投资来促进当地经济发展，在一些死亡率较高的地区则倾向于制定榨取性政策来转移自然资源，前一种殖民政策不断促进当地经济发展，后一种情况限制了当地的投资和经济发展。这些政策一直延续到现在，虽然都是殖民地，却导致了经济发展差距悬殊。①② 在制度设计中，产权制度的作用最重要。那些对政治家和精英有更多限制、更多保护公民免受权力阶层没收的国家，人均收入和长期经济增长较快。③④

在此基础上，Tebaldi 和 Elmslie 进一步研究了人力资本和制度限制如何影响经济增长率的。作者指出，一些经济体拥有阻碍新发明投入制度，这些经济体会因此制度而经济增长缓慢。背后原因是，制度障碍会阻止或限制新技术采纳的国家，会将很少比例的人力资本投入到研发部门。也就是说，只有在一定的制度安排下，人力资本才能发挥其增长效应。因此，制度会限制高技能劳动能力的发挥，从而限制经济增长。⑤

第三节　国内研究文献综述

一　国内研究现状

首先，国内研究主要集中在中国是否存在因技能偏向型技术进步

① Acemoglu, Daron, Simon Johnson, and James A. Robinson, "Reversal of Fortune: Geography and Institutions in the Making of the Modern World Income Distribution," *Working Paper*, No. 01 – 38, Department of Economics, MIT, 2001.

② Acemoglu, Daron, Simon Johnson, and James A. Robinson, "The Colonial Origins of Comparative Development: An Empirical Investigation", *The American Economic Review*, Vol. 91, 2001, pp. 1369 – 1401.

③ Acemoglu, Daron, Simon Johnson, "Unbundling Institutions", *Working Paper*, No. 3 – 29, Department of Economics, MIT, 2003.

④ Acemoglu, Daron, Simon Johnson, and James A. Robinson, "Institutions as A Fundamental Cause of Long – Run Growth", Chapter 6 in "*Handbook of Economic Growth*" Part A, Vol. 1, 2005, pp. 385 – 472.

⑤ Telbadi, Edinaldo and Bruce Elmslie, "Institutions, Innovation and Economic Growth", *MPRA Paper*, No. 9683, 2008.

引起的技能需求变化和技能溢价。大量研究指出，中国确实存在因技能偏向型技术进步引起技能需求增加和技能溢价。在高技能需求增加方面，姚先国等从制造业企业的角度研究得出，中国企业的技术进步出现了对高技能劳动力需求增加和收入比重不断上升的技能偏向型特征。① 成艾华等指出，在20世纪90年代，中国工业行业的技能偏向型技术进步特征明显。② 宋冬林等指出，在高技术设备投资推动下，中国生产率提高和技术进步增加了技能劳动需求和促进技能溢价上升，表明中国出现了技能偏向型技术进步。将技术进步细化为中性、非中性和资本体现式技术进步时，三类技术进步均出现了技能偏向型，资本体现式技术进步与当期技能需求互补性更强。③ 董直庆等进一步研究指出，中国技能溢价扩大和技能需求上升主要由资本体现式技术进步引起。④ 在技能溢价方面，董直庆等的一系列研究表明，新设备带来技术进步，而劳动可以更好地适应新技术和新环境，从而形成了技术进步、设备、技能劳动的互补性，引起了技能溢价。⑤⑥⑦ 陆雪琴和文雁兵指出，技能溢价的上升和下降由技能偏向型技术进步和技能结构的相对变化关系决定。⑧ 邵敏和刘重力从贸易出口角度指出，行业出口贸易密集度提高会使该行业发生技能偏向型技术进步，并提高行

① 姚先国、周礼、来君：《技术进步、技能需求与就业结构——基于制造业微观数据的技能偏态假说检验》，《中国人口科学》2005年第5期，第47—53页。

② 成艾华、敖荣军、韦燕生：《中国工业行业技能偏向型技术变化的实证检验》，《中国人口·资源与环境》2012年第5期，第108—113页。

③ 宋冬林、王林辉、董直庆：《技能偏向型技术进步存在吗？——来自中国的经验证据》，《经济研究》2010年第5期，第68—81页。

④ 董直庆、王林辉、袁礼：《不同类型技术进步对技能劳动的冲击效应及其非对称性检验》，《数理统计与管理》2015年第4期，第696—706页。

⑤ 董直庆、王芳玲、高庆昆：《技能溢价源于技术进步偏向性吗?》，《统计研究》2013年第6期，第37—44页。

⑥ 董直庆、蔡啸：《技术进步技能偏向性与技能溢价：一个理论模型和经验解释》，《求实学刊》2013年第4期，第51—59页。

⑦ 董直庆、蔡啸、王林辉：《技能溢价：基于技术进步方向的解释》，《中国社会科学》2014年第10期，第22—40页。

⑧ 陆雪琴、文雁兵：《偏向型技术进步、技能结构与溢价逆转——基于中国省级面板数据的经验研究》，《中国工业经济》2013年第10期，第18—30页。

业内工资不平等。[①]

其次，对于就业极化现象，国内研究较少，并且对是否存在就业极化有两种相反的观点。第一种观点认为中国没有出现普遍的就业极化现象。屈小博和程杰指出，中国整体就业结构呈现升级状态，东部经济发达地区就业升级较快，中高收入岗位增加较多。轻微的就业极化已经在农民工就业结构中显现。[②] 都阳等利用中国城市劳动力调查数据分析认为，中国劳动力市场不确定是否出现了就业极化现象。由于常规性任务的数量在不断扩大，表明该类型工作逐渐普遍。但与此同时，常规性任务内部出现了分化，如常规认知性任务开始被资本替代，表明就业结构正在出现常规化假设中的替代现象。[③]

第二种观点认为中国出现了就业极化现象。吕世斌和张世伟认为，中国制造业中的高技术行业和低技术行业就业增幅较大，而中等技术行业就业增幅较小，出现了典型的就业极化现象。[④] 陆铭等从城市发展的角度指出，高技能和低技能劳动力均从城市规模扩大中受益，其中较低技能劳动力受益程度最高，而中等技能劳动力的就业没有受到影响。[⑤]

对于中国就业极化的产生，杨飞认为劳动禀赋与技能偏向型技术进步的关系是就业极化产生的主因。1990—2007 年，高技能劳动和低技能劳动是互补关系，受到技能偏向型技术进步的影响，当高技能劳动供给增加促进了高、低技能偏向型技术进步时，却抑制了中等技能偏向型技术进步，从而出现了就业极化现象。[⑥] 江永红等认为产业结构升级通过引致技能偏向型技术进步，增加了高低技能劳动需求，替

---

① 邵敏、刘重力：《出口贸易、技术进步的偏向性与我国工资不平等》，《经济评论》2010 年第 4 期，第 73—81 页。

② 屈小博、程杰：《中国就业结构变化：“升级”还是“两极化”?》，《劳动经济研究》2015 年第 1 期，第 119—144 页。

③ 都阳、贾朋、程杰：《劳动力市场结构变迁、工作任务与技能需求》，《劳动经济研究》2017 年第 3 期，第 30—49 页。

④ 吕世斌、张世伟：《中国劳动力“极化”现象及原因的经验研究》，《经济学（季刊）》2015 年第 2 期，第 757—778 页。

⑤ 陆铭、高虹、佐藤宏：《城市规模与包容性就业》，《中国社会科学》2012 年第 10 期，第 47—66 页。

⑥ 杨飞：《劳动禀赋结构与技能偏向性技术进步——基于技术前沿国家的分析》，《经济评论》2013 年第 4 期，第 5—12 页。

代中等技能劳动和降低其需求，从而形成了就业极化现象。[①] 郝楠和江永红认为，技能偏向型技术进步、中间品的技术外溢、城镇化增加了高技能劳动需求，对外贸易和离岸外包增加了低技能劳动需求，外商直接投资和产业结构升级使得劳动技能需求呈现“U”形结构，几个因素共同作用导致了就业极化。[②] 李宏兵等的研究指出，中国对外投资增加了整体就业，其中对高技术和低技术企业的就业水平增长作用显著，而对中等技术企业的就业水平提升作用较小，因此中国对外投资促进了就业极化现象。[③]

二 国内研究评述

目前来看，国内以技能和非技能劳动为研究对象的技能偏向型技术进步、技能需求和技能溢价等方面的研究较多，但对高、中、低技能劳动的就业研究较少。主要原因可能是中国所处的发展阶段。从发展阶段来看，当一国处在经济腾飞阶段时，会大量引进和研发新技术，并实施开放经济以通过国际贸易来带动内外部经济共同发展，而中国正处在这一阶段。中国作为发展速度较快的发展中国家，城镇化还在加速进行，大量劳动力转移到城市就业。同时，随着产业升级进一步发展，制造业和服务业正成为吸纳就业的主要产业，就业结构正面临着优化、调整。中国的发展国情决定了国内正在经历技能偏向型技术进步为影响因素的就业结构变化过程，而就业极化大多出现在发达国家。因此，国内研究多集中于技能偏向型技术进步对技能需求和技能溢价的研究。

另外，国内少量关于就业极化的研究观点分歧较为明显。这种情况产生的原因是多方面的。第一，目前中国就业数据，尤其是更细致的职业数据不够完善。这会导致很多研究只能从宏观层面研究整体就业趋势，却很难从微观层面得到可靠的分析结果，从目前的研究来看，

① 江永红、张彬、郝楠：《产业结构升级是否引致劳动力“极化”现象》，《经济学家》2016 年第 3 期，第 24—31 页。

② 郝楠、江永红：《谁影响了中国劳动力就业极化?》，《经济与管理研究》2017 年第 5 期，第 75—85 页。

③ 李宏兵、郭界秀、翟瑞瑞：《中国企业对外直接投资影响了劳动力市场的就业极化吗?》，《财经研究》2017 年第 6 期，第 28—39 页。

多数研究仅从宏观和中观层面进行了研究。第二，对职业的分类不够细致和明确，难以将一些职业进行种类划分，从而降低了分析的准确度。第三，研究角度的差异也是原因之一，如从区域层面、特定就业群体、特定产业的研究结果可能会稍有不同。

最后，对就业极化产生的原因目前还没有形成统一观点。多数学者认可国外学者的研究成果，认为至少技能偏向型技术进步、国际贸易是就业极化的主要原因。对于国内产生的原因，只有极少的研究提出了国内就业极化产生的原因，如产业结构升级、对外投资等，研究成果比较零散。

在已有研究的基础上，除了技能偏向型技术进步和国际贸易外，本书还将从产业结构升级的角度对中国就业极化现象产生的原因进行分析。已有一些研究从产业结构升级角度进行了少量研究，本书从该角度进行更深入的分析，以期为就业极化问题研究提供新观点。

第四节 本书的研究问题、分析框架和主要内容

一 本书的研究问题

本书在国外对就业极化问题研究成果的基础上，对中国就业极化问题进行系统性研究。就业极化问题主要出现在欧美等发达国家，是否在发展中国家出现目前还没有更多研究。部分研究表明，中国已经出现了轻微的就业极化现象。那么，对就业极化现象在发展中国家的研究将十分必要。因此，本书首先要研究的问题是中国是否出现了就业极化现象。如果没有出现，就业的技能结构呈现出什么特征；如果出现了就业极化，中国的就业极化程度如何，在哪些产业和行业较为显著。从目前的研究来看，中国确实出现了就业极化现象，下面是对就业极化产生原因的分析。

其次，发达国家的就业极化产生的原因是否可以解读中国的就业极化现象，并如何影响就业极化的？从目前来看，技能偏向型技术进步和国际贸易是发达国家就业极化产生的主因。对中国而言，这两个因素也是适用的。那么，除此之外，还有没有其他特殊因素适用于发展中国家？这些因素通过何种影响机制促进了中国的就业极化？这些是本书将要研究的第二个问题。

最后，中国的就业极化对整体经济增长的影响。就业极化是就业结构变化的结果，同时工资不平等也受此影响。就业是经济增长的核心议题之一，那么就业极化这种新的就业结构特征会对整体就业和工资不平等会产生哪些影响？将是本书研究的第三个问题。

二 本书的分析框架

本书主要探讨的是中国就业极化产生的原因，以及这些原因影响就业极化的机制。本书将从技能偏向型技术进步、国际贸易和产业结构升级三个角度对中国就业极化产生的原因进行剖析，并分析就业极化对经济增长产生的影响。分析框架如下：

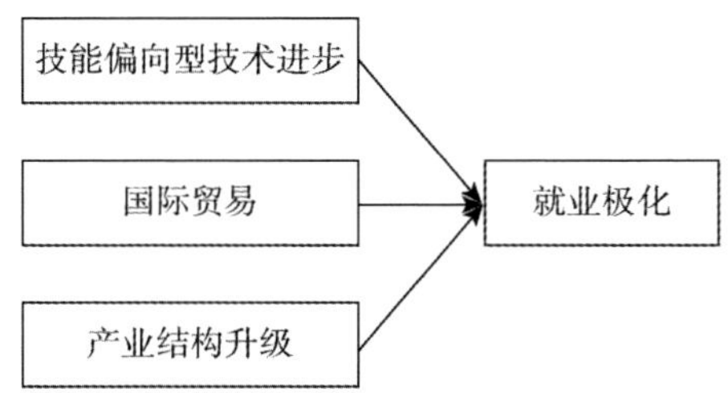

此分析框架遵循“特征事实—作用机制”的逻辑思路。在本书的结构安排中，技能偏向型技术进步、国际贸易和产业结构升级三个因素对就业极化的影响分析将包括理论基础和作用机制两部分，并分三个章节分别论述。

三 本书的主要内容

本书首先对中国是否存在就业极化现象进行事实验证，再从技能偏向型技术进步、国际贸易和产业结构升级三个角度对中国就业极化现象产生的原因和影响机制进行分析，最后给出政策和建议。

具体而言，第一章对中国是否存在就业极化现象进行事实验证分析。根据不同技能分类下的就业结构变化特征，总结出中国在哪些时间段、哪些产业和行业内出现了就业极化特征。第二章首先从技术进步的发展现状、发展阶段和发展特征三个方面对中国技术进步的基本事实进行总结分析，其次从技能偏向型技术进步角度对就业极化产生的机制进行分析，最后分析中国技能偏向型技术进步引起的就业效应。

第三章首先对中国国际贸易发展的基本事实进行分析，其次从国际贸易引致技能偏向型技术进步的角度分析其影响就业极化的机制，最后分析中国国际贸易引起的就业效应。第四章首先对中国产业结构升级的基本事实进行分析，其次对产业结构升级影响就业结构变化的机制分析，最后分析中国产业结构升级产生的就业效应。第五章给出降低就业极化对劳动力市场影响的政策和建议。

第五节　本书的研究方法、创新点和不足之处

一　本书的研究方法

本书综合运用了以下三种研究方法。

首先，系统归纳法。在对已有研究文献分析总结的基础上，对中国就业技能结构的历史演变过程进行归纳总结，得出中国就业极化在总体层面、产业层面和区域层面的特征。同时，对中国技术进步的发展阶段、国际贸易的发展阶段和产业结构升级的发展阶段进行历史归纳，梳理出中国在技术进步、国际贸易和产业结构升级方面的历史过程，并总结归纳出相应特点，在此背景下再对中国就业结构的变化进行分析。

其次，因果分析法。借助于因果分析法，对中国就业极化产生的原因，以及影响机制进行深入剖析。本书从已有研究中总结出三个影响因素，并将三个影响因素与中国就业极化特点以及中国的经济发展特征进行结合，分析其背后的传导机制。另外，在就业极化产生机制分析的基础上，进一步分析就业极化对经济增长和工资不平等的影响，从整体上认识就业极化的影响，并得出相关启示。

最后，实证分析法。借助于中国就业层面的统计数据，对中国就业极化的发展历史、趋势以及产生的机制进行定量分析，从而得出就业极化各影响因素的作用以及产生的经济效应。

二　本书的创新点

首先，对中国就业极化的特征从总体层面、产业层面和行业层面进行了总结归纳。目前对中国高、低技能就业结构变化分析的文献较多，但对中国就业极化尤其是高、中、低技能就业特征的变化缺乏较

为系统的分析和归纳。本书借助中国就业层面的历史数据，利用已有职业技能分类方法对高、中、低技能的就业结构演变进行总结，尤其对分别在高、中、低技能水平就业内部的就业结构与工资不平等的变化趋势进行深入分析。

其次，本书借助一定的分析框架来分析中国就业极化的产生机制。当前国外关于就业极化的研究众多，且大多集中在发达国家，对中国是否存在就业极化，以及就业极化产生的原因和影响机制缺少系统性分析框架。本书构建了包括技能偏向型技术进步、国际贸易和产业结构升级三个层面的就业极化产生的因果分析框架，并结合中国特有的经济发展历程，深入分析各个影响因素对就业极化的影响机制。

最后，丰富了产业结构升级对就业极化的影响机制。目前从产业结构升级角度研究就业极化的文献较少，而产业结构升级和国际贸易一样，也会引致技能偏向型技术进步。对中国而言，劳动力成本上升、资本投入等都会不同程度地引起技能偏向型技术进步和资本对劳动尤其是中等技能劳动的替代，因此除了技能偏向型技术进步和国际贸易外，本书还将产业结构升级作为中国就业极化产生的原因之一。

三　本书的不足之处

首先，由于技能水平划分方法较多，以及部分方法中数据统计不完善或缺失，因此在技能结构的划分标准上只能部分采取近似替代的方法，不可避免地降低测量的准确性。其次，在对一些职业种类进行划分时，不仅参考了收入和受教育年限等客观数据，还从职业的特点出发对职业进行主观技能划分，因此划分标准难以避免主观性。再次，本书没有构建计量模型，而是更多从理论论述角度对影响机制进行分析，因此可能会疏漏部分影响因素之间的作用关系，使得分析不够全面和透彻。最后，本书侧重对就业极化的影响机制分析，在工资不平等的影响机制分析方面则篇幅较少。

第一章

中国技能劳动就业结构的演变特征

以技能水平为划分标准是就业结构研究的基本前提之一，然而技能水平划分标准目前仍存在分歧。综观国内外大量研究中对技能结构的划分标准，可以看出，大多数研究都是用二分法将技能水平划分为技能和非技能或者高技能与低技能。这也与研究的对象有关，这些研究大多集中偏向技能领域，即只对技能进行二分法。然而，就业极化现象的出现则让这种划分法有了局限性。因此以高、中、低技能为标准的划分法在研究就业结构时开始出现并大量使用。

在如何区分高、中、低技能问题上，现有研究给出了多种区分方法，如受教育水平、平均工资水平、工作任务特征等。不同的划分方法会出现不同的分析结果或相似结果，这些划分方法将在本书对技能水平的划分上有所体现，以多角度的方式来观察中国技能结构特征。

多数研究关于中国技能结构划分的标准则主要集中在二分法，这就导致对中国劳动力市场是否出现了就业极化现象无法给出明确的判断，从而无法对就业极化现象的产生原因进行更深入的研究。因此，对中国就业极化现象是否出现这一问题进行深入探讨，必须借助高、中、低技能划分标准。

本章的目的是借助高、中、低技能划分法对中国技能结构的就业特征和工资不平等的演变历史进行归纳总结。首先，从总体层面来考察就业结构的演变特征；其次，从产业层面分析技能结构的演变，尤其是工业和服务业；最后，从技能结构三分法的角度来总结工资不平等的发展特征。

第一节 总体就业结构演变特征

通过对不同技能劳动就业份额的变化来分析就业结构的变化特征是分析的主要思路，而关键是如何确定技能结构的划分标准。综合已有研究，主要有4种划分方法：Autor等利用中位工资、受教育水平与任务密度三个角度对技能结构进行了划分；① Goos等根据平均工资划分了技能水平，并以此研究了欧洲就业极化产生的原因；② Goos和Manning以中位工资对英国1975—1999年的就业极化现象进行了分析；③ Goos等以中位工资对欧洲16国的就业极化特征进行了研究；④ Autor等、Acemoglu和Autor按照工作任务性质将高、中、低技能职业划分为非常规性认知任务、常规性认知任务和非常规性手工任务。⑤根据以上研究方法，本节将分别借助于受教育水平、平均工资和工作任务特征三种方法划分技能结构，来对比不同分类标准下的技能结构特征。

一 基于受教育水平的技能结构演变特征

（一）分类标准选取与数据来源

在受教育水平标准选取上，根据已有数据，选取小学及以下、初

① Autor, David H., Lawrence F. Katz, and Melissa S. Kearney, "The polarization of the U. S. Labor Market", *NBER Working Paper*, No. 11986, 2006.

② Goos, Maarten, Alan Manning, and Anna Salomons, "Explaining Job Polarization: Routine - Biased Technological Change and Offshoring", *American Economic Review*, Vol. 104, 2014, pp. 2509 - 2526; Goos, Maarten, Alan Manning, and Anna Salomons, "Job Polarization in Europe", *Papers and Prceedings of the One Hundred Twenty - First Meeting of the American Economic Association*, Vol. 99, 2009, pp. 58 - 63.

③ Goos, Maarten and Alan Manning, "Lousy and Lovely Jobs: the Rising Polarization of Work in Britain", *Review of Economics and Statistics*, Vol. 89, 2007, pp. 118 - 133.

④ Goos, Maarten, Alan Manning and Anna Salomons, "Explaining Job Polarization: the Roles of Technology, Offshoring and Institutions", *Center for Economic Studies Discussions Paper Series (DPS)*: 11. 34, 2011.

⑤ Autor, David H., Frank Levy, and Richard J. Murnane, "The Skill Content of Recent Technological Change: An Empirical Exploration", *The Quarterly Journal of Economics*, Vol. 118, 2003, pp. 1279 - 1333; Acemoglu, Daron and David Autor, "Skills, Tasks, and Technologies: Implications forEmployment and Earnings", *NBER Working Paper*, No. 16082, 2010.

中、高中和大专及以上的划分标准。其中，小学及以下和初中学历为低技能，高中学历为中等技能，大专及以上学历为高技能。由于统计数据的缺失，仅对 1996—2016 年的不同学历就业比重进行统计。其中，2000 年数据缺失，将 2001 年和 1999 年的数据平均值作为 2000 年的学历数据。

在行业划分的标准选择上，按照国家统计局的分类，选取 15 个行业大类为研究对象。根据《国民经济行业分类》[①]、高技术产业（制造业）分类[②]和高技术产业（服务业）分类[③]，以及各个行业工作内容对学历水平和技能水平的要求，将这些行业进行高、中、低技能划分。其中，除了要求较高的技能水平和学历的高技能行业，以及要求较低或不要求学历的低技能行业外，其他行业均划归为中等技能行业。对于行业技能的划分，一方面，参考刘兰[④]的划分标准，对每个行业而言，就业比重最大的学历相对应的技能就是该行业的技能水平，即把大专及以上学历就业比重最大的行业作为高技能行业，初中及以下学历就业比重最大的行业作为低技能行业，其他学历作为中等技能行业；另一方面，参考该行业的技术水平特征，如信息传输、软件和信息技术服务业 2011 年就业比重最大的学历为初中学历，占 45.1%，但是该行业技术水平对劳动技能的要求为高技能，因此将其划归为高技能行业。另外，有些行业最高就业比重的学历会随时间发生变化，因此需要结合两类划分方法共同来划分。

根据这一划分标准，2002 年前的 15 个行业中，高技能行业包括国家机关、党政机关和社会团体，教育、文化艺术和广播电影电视，科学研究和综合技术服务业、金融、保险业；中等技能行业包括地质勘查业，水利管理业，制造业，采矿业，电力、煤气及水的生产和供应业，交通运输，仓储和邮政业；低技能行业包括农林牧渔业，批发

---

① 国家统计局：《国民经济行业分类（GB/T 4754—2017）》，中国标准出版社 2017 年版。

② 《高技术产业（制造业）分类》，2013 年 10 月 30 日，国家统计局网站（http://www.stats.gov.cn/statsinfo/auto2073/201310/P020131030586078312159.pdf）。

③ 《高技术产业（服务业）分类》，2018 年 5 月 9 日，国家统计局网站（http://www.stats.gov.cn/tjsj/tjbz/201805/t20180509_1598315.html）。

④ 刘兰：《偏向性技术进步、技能溢价与工资不平等》，《经济纵横》2013 年第 2 期，第 140—143 页。

和零售贸易，餐饮业，建筑业，房地产业，社会服务业，卫生，体育和社会福利业。2003 年后新出现的行业类别中，租赁和商务服务业、居民服务和其他服务业、住宿和餐饮业三个行业属于低技能行业，教育、文化体育和娱乐业、公共管理和社会组织三个行业属于高技能行业。限于统计指标和数据的不同，1978—2002 年的指标选取自“分行业职工年末人数”。2003—2017 年的数据指标选取“分行业城镇单位就业人员年末人数”。

（二）学历划分的整体就业技能分布

如图 1－1 所示，中国就业结构中的学历水平呈现上升趋势，就业呈现升级状态。以初中及以下为代表的低学历就业比重不断下降，以高中、高职和大专及以上为代表的中高水平学历就业比重缓慢上升。然而，从学历就业比重看不出来各个学历就业者从事了哪些技能要求的工作。由于中低学历就业者通过学习一样可以使技能水平提高，并从事中高技能行业，因此需要对不同技能水平下的行业就业比重进行分析。

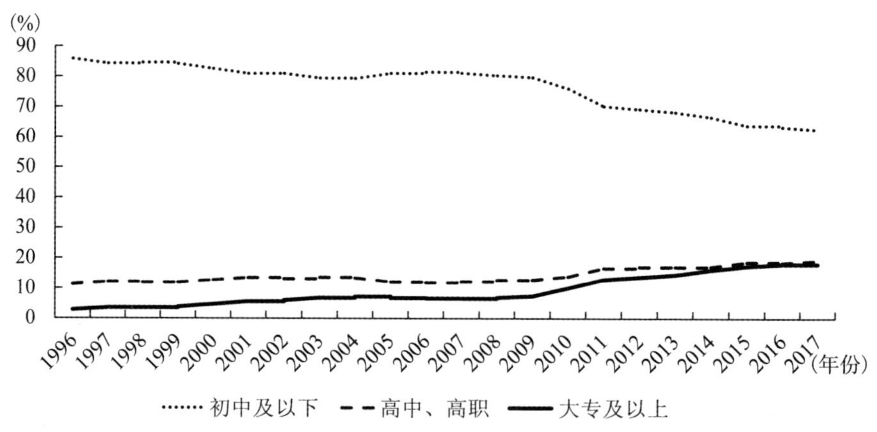

图 1－1　就业人员学历结构（1996—2017 年）①

（三）分行业就业的技能分布

与前文所不同的是，这一部分从行业角度考察技能结构。首先将

① 数据来源：历年《中国劳动统计年鉴》。

归属于不同技能类别的行业进行归类，再将同一年份的不同行业就业比重进行加总，得出该年某一技能水平的就业比重。其他年份依次类推，得出1978—2017年的高、中、低三大类技能就业比重。

2003年开始，《中国劳动统计年鉴》的统计标准有所变化，行业总数由原来的15个增加到19个，不过整体而言，由于增加的行业技能特征十分明显，因此对整体就业趋势的影响在可控范围内。数据显示，分行业的技能结构主要呈现两个阶段的特征。

1. 1978—2006年：技能结构的就业升级

如图1－2所示，1978—2006年，技能结构呈现就业升级。这一阶段的特点是，技能结构呈现出高技能行业就业比重不断上升、中等技能行业和低技能行业就业比重均不断下降。其中，1978—1998年，这一特点较为缓慢。从1998年到2006年，这一趋势开始加速，尤其是高技能行业比重显著上升和低技能行业下降明显。高技能行业就业比重由1998年的28.87%增长到2006年的36.81%，低技能行业就业比重则由25.13%下降到20.63%。

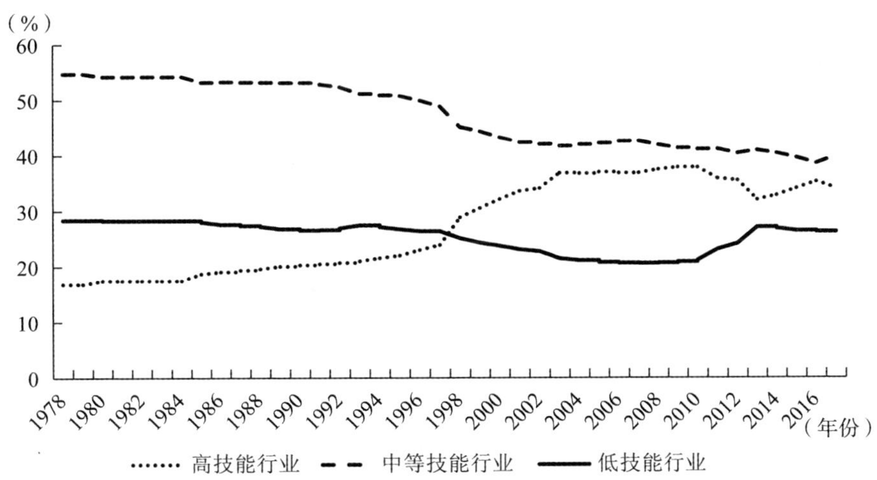

图1－2　技能分类下的行业就业比重变化（1978—2017年）①

图1－3显示了各个行业的就业比重变化情况。就业升级的时间跨

①　数据来源：历年《中国劳动统计年鉴》。

度为 1978—2006 年，由于 2003 年前后统计标准变化，所以只对 1978—2002 年的就业情况进行分析。从图 1 – 3 可以看出，高技能行业全部处于就业水平增长状态，而中低技能行业普遍为就业水平下降，尤其是制造业就业比重下降最为明显，下降了 10. 31 个百分点。只有中等技能行业的电力煤气及水供应业、低技能行业的建筑业和社会服务业三个行业就业比重呈现增长态势，分别增长了 1. 57 个、0. 6 个和 2. 83 个百分点。

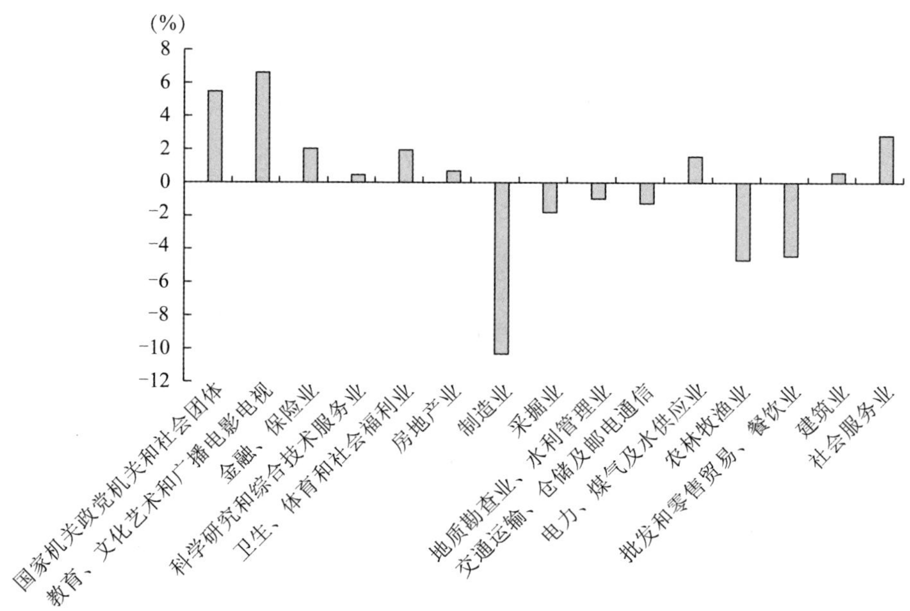

图 1 – 3　分行业就业比重变化（1978—2002 年）①

2. 2007—2017 年：技能结构的就业极化

第二阶段，2006 年至今，技能结构呈现就业极化现象。这一阶段的主要特点是，高、中技能行业保持基本增长趋势，而低技能行业就业开始上升，并增长显著。其中，低技能行业就业比重由 2007 年的 20. 6% 增长到 2013 年的最高点 27. 09% 。虽然高技能行业在 2013 年降低显著，但随后又恢复了较高的增速。

① 数据来源：历年《中国劳动统计年鉴》。

图1－4对2007—2017年的整体技能结构就业比重变化分析发现，该阶段呈现出较为明显的就业极化现象。其中，高技能行业就业比重降幅为1.6%，小于中等技能行业就业降幅的4.05%，低技能行业就业比重上升了5.65个百分点，中等技能行业就业比重降幅最大。

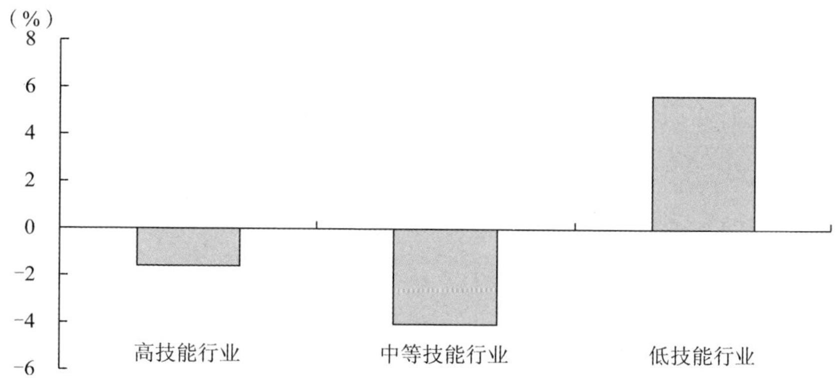

图1－4　技能分类下的行业就业比重变化（2007—2017）年①

从各个行业的就业比重变化来看，如图1－5所示，就业增幅最大的是低技能的建筑业，下降幅度最大的依次为教育和农林牧渔业。具体而言，高技能行业中的公共管理和社会组织、教育、文化体育和娱乐业就业比重下降，其中，公共管理和社会组织下降了1.32个百分点，教育下降了3.48个百分点，文化体育和娱乐业下降了0.33个百分点。中等技能行业中采矿业下降最明显，下降了1.71%。低技能行业中上升幅度最大的建筑业增长了7.63%，农林牧副渔业下降幅度最大为2.95%，批发和零售业、居民服务和其他服务业、住宿和餐饮业有轻微的下降，分别为0.84%、0.06%和0.06%。

因此，与学历层面的就业比重变化相比较，虽然低学历从业者就业比重不断下降，但是低技能行业比重却在不断增加。同样地，虽然高中学历就业比重不断上升，但从事中等技能行业比重的就业者比重却在下降。总之，以学历水平为代表的就业者自身技能与行业要求的技能之间的就业匹配存在一定的变化性。

①　数据来源：历年《中国劳动统计年鉴》。

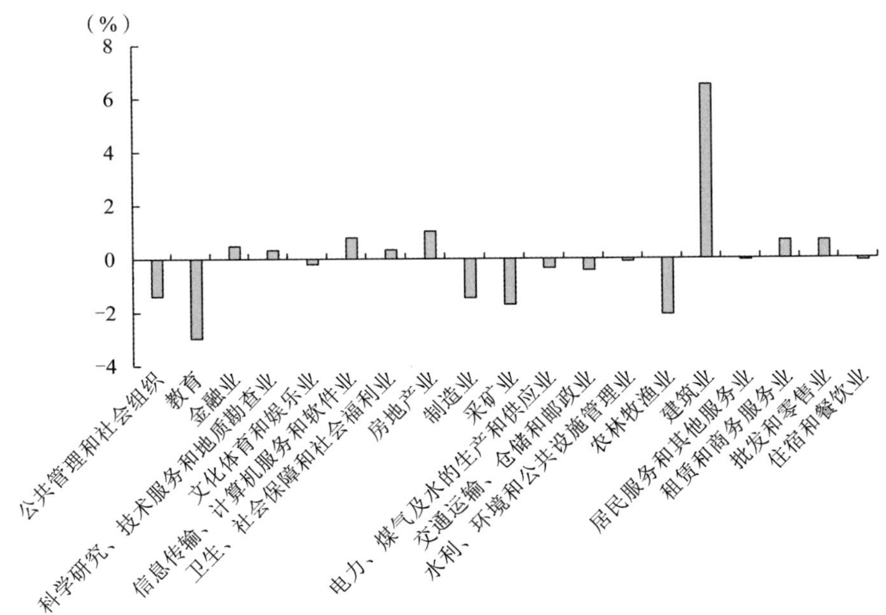

图 1－5　分行业就业比重变化（2007—2017 年）①

二　基于平均工资的技能结构演变特征

（一）指标选取与数据来源

在工资划分标准上，以基准年的行业平均工资为标准来划分各个行业的技能水平，并分析其他年份的就业增长情况。由于 2002 年和 2003 年的数据统计标准不同，同时 1993 年的高、中、低收入行业的数量和种类都有所变化，而 2003 年之后高、中、低技能包含的行业数量和种类均不变，为了排除因行业工资水平变化而划归到不同技能水平的影响，选取 2003—2016 年作为分析对象。其中，以排名前 20% 的高收入行业为高技能行业，以后 20% 的低收入行业为低技能行业，其他行业为中等技能行业。从划分结果来看，2003—2017 年，信息传输、计算机服务和软件业以及金融业两个高收入行业，水利、环境和公共设施管理业，建筑业，住宿和餐饮业，批发和零售业，农林牧渔业五个行业为低收入行业，其他行业为中等收入行业，最后将各个技

① 数据来源：历年《中国劳动统计年鉴》。

能下的行业就业数据进行加总。数据选取《中国劳动统计年鉴》中的“城镇单位在岗职工工资”。

（二）就业极化特征初显

考察2003—2017年相应收入水平下对应行业的就业比重变化情况，如图1-6所示，从2008年开始，就业结构呈现轻微的就业极化现象，即高收入行业和低收入行业就业比重开始上升，中等收入行业就业比重下降。其中，高收入行业和中等收入行业就业比重呈下降趋势。高收入行业就业比重增长幅度缓慢，由2003年的4.28%增长到2017年的6.14%，中等收入行业就业比重由2003年的74.82%下降到2010年的75.03%，随后出现了较大的下降幅度，下降到2017年的69.62%。对于低收入行业来说，就业比重在2003—2007年呈现下降趋势，从2008年开始，就业比重开始上升，由2008年的19.59%上升到2016年的24.24%，其中在2013年达到最高值25.82%。从图1-7中可以更直观地看出，高、中、低收入行业的就业比重变化呈现了“两头高、中间低”的特征。2008—2017年，高、中、低收入行业就业比重分别增长了1.02个、-6.03个和5.01个百分点。

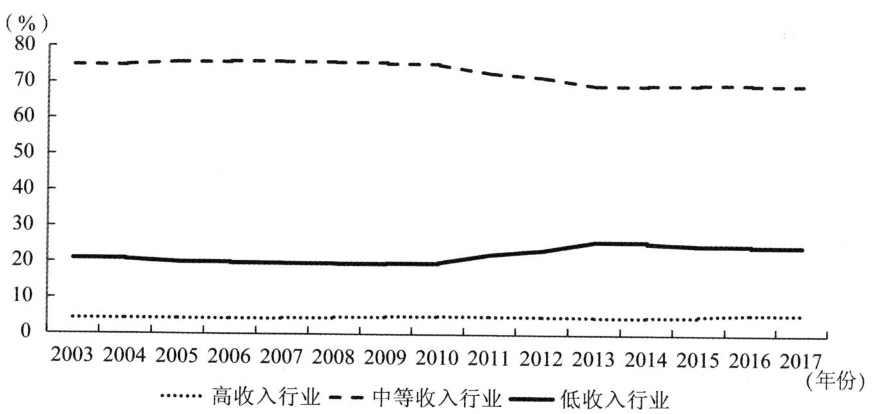

图1-6　高、中、低收入分类下的行业就业比重变化（2003—2017年）①

① 数据来源：历年《中国劳动统计年鉴》。

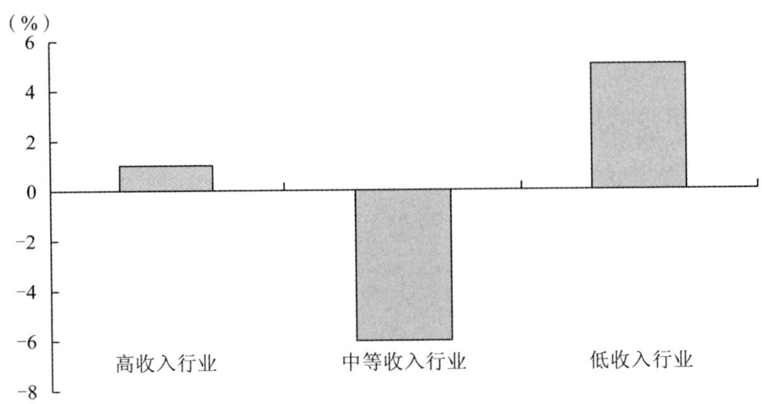

图1-7　收入分类下的行业就业比重变化（2008—2017年）①

从细分行业来看，如图1-8所示，2008—2017年，高收入行业中，增长幅度较大的行业是信息传输、计算机和软件业，中等收入行业降幅最大的是教育、采矿和公共管理和社会组织，低收入行业增幅最大的是建筑业，降幅最大的是农林牧渔业。

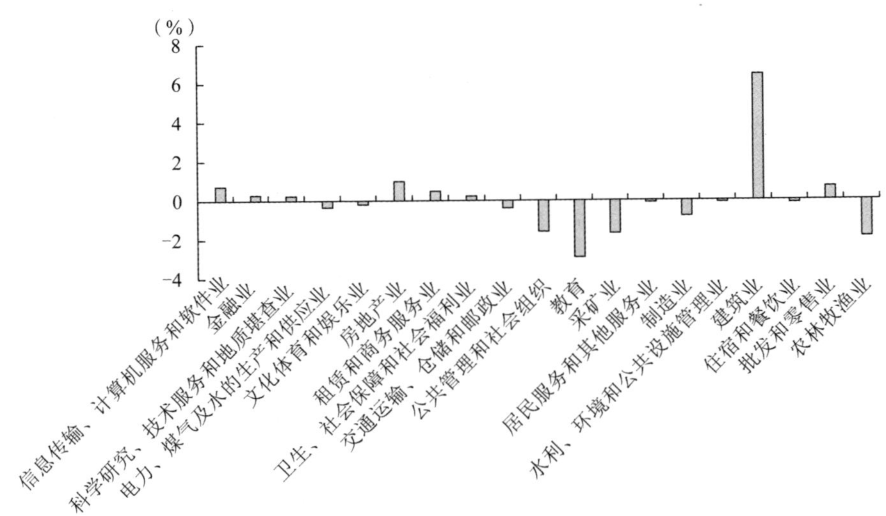

图1-8　收入分类下的分行业就业比重变化（2008—2017年）②

① 数据来源：历年《中国劳动统计年鉴》。

② 同上。

由以上分析可以看出，以工资为划分标准的分行业就业结构主要呈现2007年之前的就业升级和2008年之后的就业极化特征。

三　基于工作任务的技能结构演变特征

（一）指标选取与数据来源

工作任务是根据就业者从事的职业所需要的技能水平来划分的。按照已有的定义，可以将工作任务分为非常规性抽象任务、常规性任务和非常规性手工任务。由于中国统计数据中没有这类划分标准，因此本书采用《中国劳动统计年鉴》中“按受教育程度、性别分的全国就业人员职业构成”的划分标准，将职业划分为单位负责人、专业技术人员、办事人员和有关人员、商业和服务业人员、农林牧渔水利业生产人员、生产运输设备操作人员及有关人员六类。其中，根据从事任务需要的技能特征，单位负责人、专业技术人员从事需要抽象和沟通能力的非常规性职业任务；办事人员和有关人员、生产运输设备操作人员及有关人员、农林牧渔水利业生产人员从事需要重复性和程序化的常规性职业任务；商业和服务业人员从事需要人际沟通类的非常规性手工任务。

按照工作任务的原理，工作任务和劳动者技能是有区别的。工作任务是职业对劳动者技能的要求，而劳动者技能体现的是劳动者自身素质，包括学历、学习能力和创新能力等。[①] 因此，选取受教育水平作为劳动者自身技能。首先对各个职业类型下的就业比重变化进行分析，接着分析从事不同职业类型的各技能劳动的就业变化。

（二）职业任务与劳动技能匹配下的就业结构特征

1. 职业任务类型下的就业比重变化

如图1－9所示，将不同类型的职业任务进行归类分析后发现，2002—2005年，就业结构呈现非常规性抽象任务就业水平下降、非常规性手工任务就业水平上升和常规性任务就业水平先下降后上升的特征。从细分职业来看，非常规性职业中，单位负责人的就业比重在

① Acemoglu, Daron and David Autor, “Skills, Tasks and Technologies: Implication for Employment and Earnings”, *NBER Working Paper*, No. 16082, 2010.

2002—2017 年一直处于缓慢上升阶段，从 2002 年的 1.7% 上升到 2016 年的 2%，后下降到 2017 年的 1.7%，专业技术人员从 2002 年的 6% 缓慢上升到 2005 年的 7.5%；常规性职业中，办事人员和有关人员下降到 2005 年的 3.7%，农林牧渔水利业生产人员从 2002 年先下降后上升到 2005 年的 57.1%，生产运输设备操作人员及有关人员上升到 2005 年的 17.8%；非常规性手工任务中，商业服务业人员就业一直处于上升态势，从 2002 年的 9.6% 一直上升到 2005 年的 12.1%。

2006—2017 年，就业结构呈现轻微的就业极化现象。如图 1－9 所示，常规性职业就业比重在 2006 年达到最高值 81.4%，随后开始大幅度下降到 2017 年的 58.6%；非常规性抽象职业就业比重由 2006 年的 6.9% 快速上升到 2011 年的 11.9%，之后缓慢增长到 2015 年的 13.7%，后下降到 2017 年的 10.7%；非常规性手工任务由 2006 年的 11.4% 快速上升到 2017 年的 30.1%。

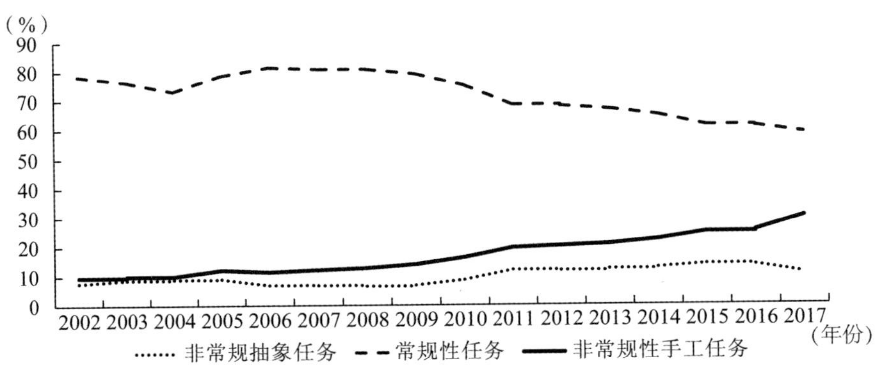

图 1－9　任务类型分类下的职业就业比重（2002—2017 年）①

2. 技能劳动者在职业任务类型间的流动

由以上分析可知，就业结构出现了极化特征，那么从劳动技能在职业间的就业比重变化的角度来看，可知哪一种学历水平的就业份额上升和下降导致了某一职业的就业比重上升和下降的，从而明确各个劳动技能在不同职业间的流动问题。分类指标选取《中国劳动统计年

① 数据来源：历年《中国劳动统计年鉴》。

鉴》中的“全国按职业、性别分的就业人员受教育程度构成”，考察每个职业不同学历之间的就业比重的变化情况。

如图 1－10 所示，单位负责人就业群体中，各个学历下的技能劳动就业份额基本处于波动的平稳状态。不过，大专及以上学历就业份额轻微下降，从 2002 年的 41.1% 下降到 2016 年的 38.4%，2017 年又回升到 41.9%；初中及以下就业份额有小幅度上升，从 2002 年的 29% 上升到 2016 年的 34%，2017 年下降到 30%。从就业者的主要学历来看，单位负责人主要以大专及以上的高技能人员为主，这也符合该职业任务以抽象能力为主的特性。

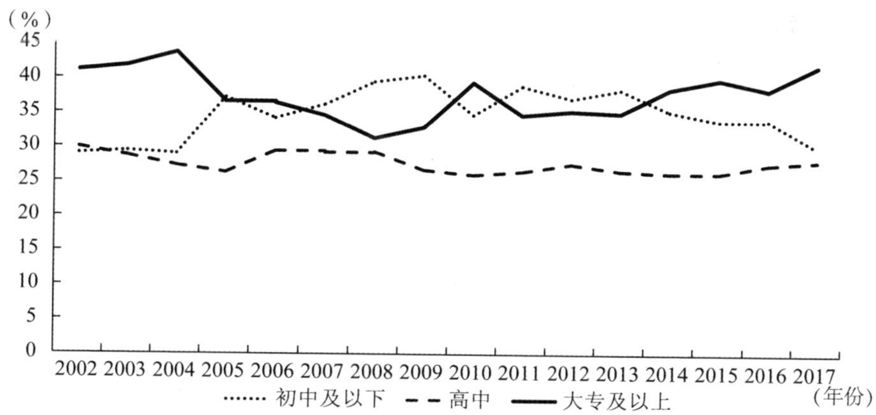

图 1－10 学历分类下的单位负责人就业比重（2002—2017 年）①

如图 1－11 所示，专业技术人员就业群体中，大专及以上学历的就业份额上升显著，高中和初中及以下学历就业份额下降明显。大专及以上学历从业者就业份额由 2006 年的 53.1% 波动上升到 2017 年的 62.6%，高中和初中及以下学历就业者就业份额分别由 2006 年的 27.8% 和 19% 下降到 2017 年的 20.8% 和 16.6%。从技能劳动的流动来看，该职业就业份额上升主要是高技能劳动就业份额上升拉动。从职业特性来看，大专及以上学历就业份额在增长幅度和占比上均占据主要位置，该职业要求与劳动者技能相吻合。

① 数据来源：历年《中国劳动统计年鉴》。

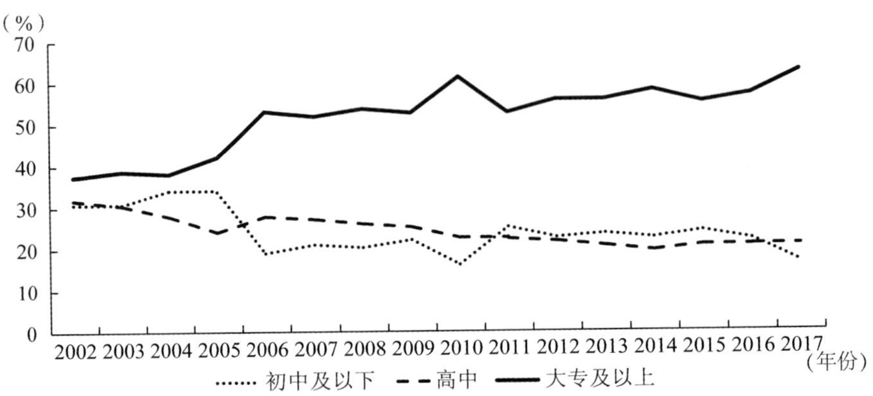

图1－11 学历分类下的专业技术人员就业比重（2002—2017年）①

如图1－12所示，办事人员和有关人员各技能劳动就业份额变化呈现两极分化。首先，大专及以上学历劳动就业份额持续上涨，从2002年的30.8%上升到2017年的55.8%，保持了较稳定的持续增长态势。其次，初中及以下学历和高中学历劳动就业份额保持同步，即就业份额和变化趋势均十分相近。初中及以下学历劳动就业份额从2002年的31.3%下降到2017年的23.4%，高中学历劳动就业份额从2002年的37.8%下降到20.8%，下降趋势较明显。

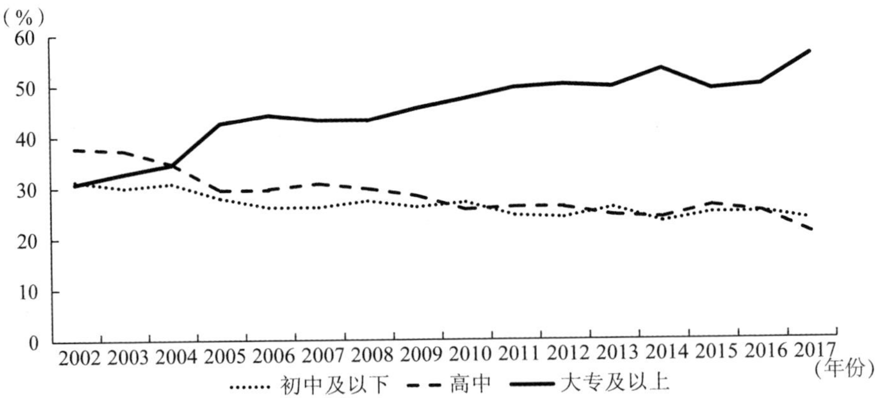

图1－12 学历分类下的办事人员和有关人员就业比重（2002—2017年）②

① 数据来源：历年《中国劳动统计年鉴》。

② 同上。

如图 1－13 所示，农林牧渔水利业生产人员各技能劳动就业份额相对稳定。三种技能劳动的就业份额没有一点波动，变化趋势十分平缓，就业份额没有大幅度变化。大专及以上学历就业份额从 2002 年的 0.1% 增加到 2016 年的 0.7%，虽然增加了 7 倍，但是由于基数较小，因此没有明显变化。高中学历就业者有轻微增加，从 2002 年的 4.4% 上升到 2017 年的 6.1%，整体就业份额较小。初中及以下学历从业者就业份额占据绝大部分比重，虽然从 2002 年的 95.5% 下降到 2017 年的 93.3%，但是仍然没有低于 90%。从技能劳动流动上来看，该职业就业下降主要是由初中及以下学历就业者下降引起。从职业特性上来看，从业者技能水平与该职业的技能要求相吻合。

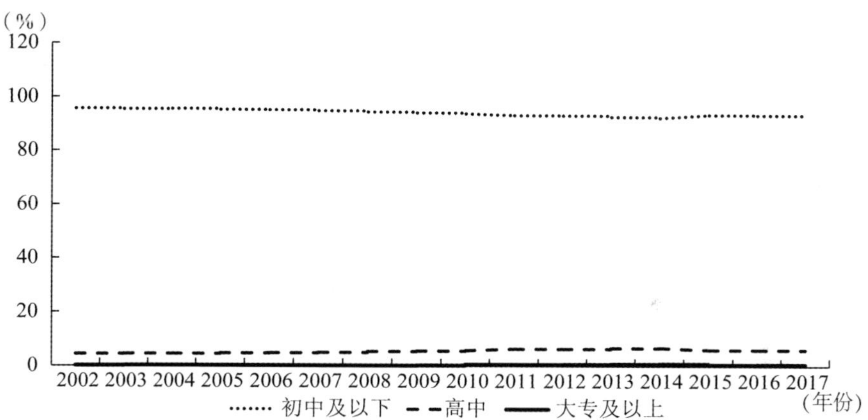

图 1－13　学历分类下的农林牧渔水利业生产人员就业比重（2002—2017 年）①

如图 1－14 所示，生产运输设备操作人员及有关人员各个技能劳动就业份额变化幅度较小。其中，初中及以下学历技能劳动就业份额缓慢下降，高中学历技能劳动就业保持不变，大专及以上学历就业份额小幅上升。由于该类型职业的整体就业份额上升，因此，大专及以上就业份额上升幅度抵消了初中及以下就业份额下降幅度。技能劳动流动则表现为以高技能劳动的流入为主。

① 数据来源：历年《中国劳动统计年鉴》。

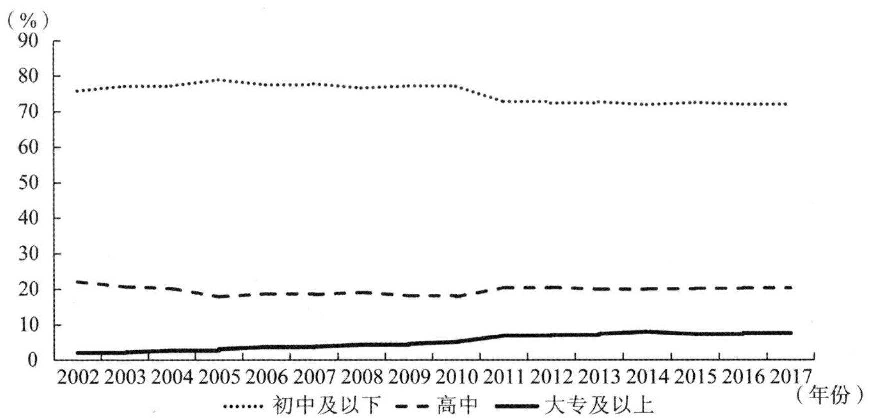

图 1－14　学历分类下的生产运输设备操作人员及有关人员就业比重（2002—2017 年）①

如图 1－15 所示，商业、服务业人员各个技能劳动就业比重呈现升级态势。初中及以下学历就业比重下降明显，高中和大专及以上学历技能劳动就业份额则缓慢上升。初中及以下学历劳动就业比重由 2006 年的 66.9% 下降到 2017 年的 55.2%，高中和大专及以上学历劳动就业份额分别由 2006 年的 25.5% 和 7.6% 上升到 2017 年的 27.5% 和 17.3%。由于该职业就业份额呈现整体缓慢上升态势，因此中高技能劳动就业份额上升或低技能劳动就业份额下降是主要原因。从绝对就业份额来看，初中及以下就业占据超过一半的份额。另外，由于该职业中的高、中、低技能职业均占据一定比例，因此该类型职业的职业技能代表性不强。

总之，从整体的就业层面来看，从受教育水平、平均工资水平和职业特性三个角度划分的技能就业结构均呈现出轻微的就业极化特征。由于这一节主要借助了行业层面的数据进行分析，每个行业内部也有诸多技能水平不等的细分行业，不过这三种分类方法能大体上代表这个行业的平均技能水平。为了弥补笼统的行业数据分析的不足，下一节将从产业层面入手，对每个产业内部的细分行业进行分析，探讨每个产业内部高、中、低技能行业的就业结构是否也符合就业极化特征。

① 数据来源：历年《中国劳动统计年鉴》。

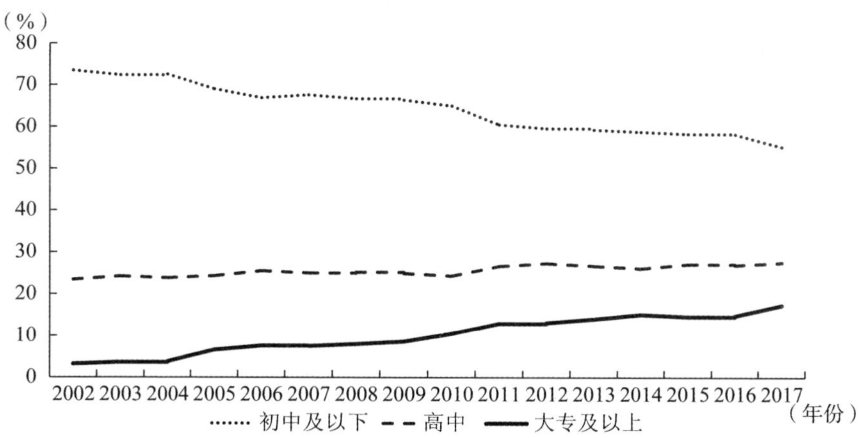

图1－15 学历分类下的商业、服务业人员就业比重（2002—2017年）①

第二节 产业层面的就业结构演变特征

不同产业之间有技能和技术水平差异，而对于每个产业而言，产业内部包括大量技能水平差异较大的不同细分行业，由于宏观层面的产业技能特性只代表了平均技能和技术水平，从而忽略了产业内不同行业间的技能差异。为了更好地观测技能就业结构的特征和演变规律，有必要从产业层面入手，深入产业内部，比较和归纳细分行业的技能特征。

本节将农业、工业和服务业分别作为第一、二、三产业的研究对象，并按照该顺序进行论述。农业整体以低技术水平和劳动技能要求为主，工业尤其是制造业以中等技能水平为主，而服务业以高技能劳动为主。

一 农业就业结构演变特征

根据国家三次产业分类标准，由于农业没有细分行业，所以将农林牧渔业统作为农业来分析，同时将农业从业人员的学历结构作为高、中、低技能划分标准。

① 数据来源：历年《中国劳动统计年鉴》。

如图 1 - 16 所示，从 2002 年到 2016 年，农业技能结构就业趋势基本保持稳定，从变化量上来看，农业表现出就业升级特征。其中，以初中及以下学历为代表的低技能劳动就业比重下降较为明显，从 2002 年的 95.2% 一路下降到 2016 年的 93.1%。高中学历就业比重先小幅上升后小幅下降，从 2002 年的 4.5% 上升到 2015 年的 6.6% 之后，又下降到 2016 年的 6.1%。大专及以上学历就业比重微幅上升，从 2002 年的 0.2% 上升到 2016 年 0.8%。

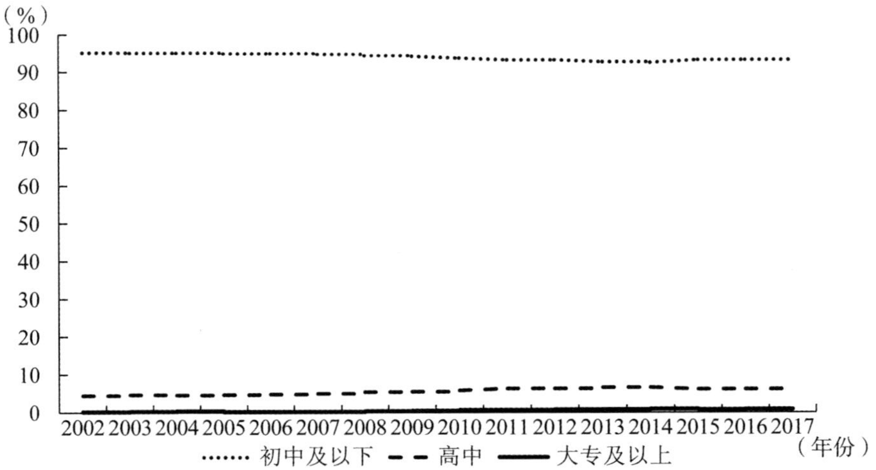

图 1 - 16 学历分类下的农业就业比重（2002—2017 年）①

农业就业结构升级是中国农业劳动生产率上升的表现。中国以重工业为发展逻辑起点，在几十年发展中工业水平得到大幅度提升。随后，开始以工业反哺农业，农业生产力得到大幅度提升。

二 工业就业结构演变特征

从图 1 - 17 可以看出，按照技术水平要求将工业分为高技术水平行业、中高技术水平行业、中低技术水平行业和低技术水平行业

① 数据来源：历年《中国劳动统计年鉴》。

四类。[①] 其中，四类技术行业就业比重分别变化了6.12%、2.01%、-5.55%和0.85%，由此可知，工业内部呈现就业极化特征。

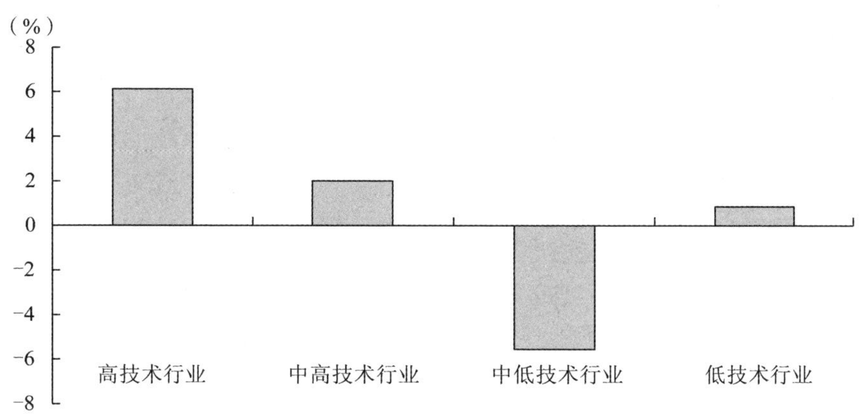

图1-17　技能分类下的工业就业比重变化（2000—2017年）[②]

在高技术行业中（见表1-1），计算机、通信和其他电子设备制造业的就业量增长了5倍多，就业比重在所有高技术行业中最高达到6.03%。

在中高技术行业和中低技术行业中，电器机械和器材制造业的就业量增长和就业比重增长均是最大的，分别为329%和3.03%，除此之外，两个类别中的就业比重下降的行业有10个，增长的有6个，下降幅度最大的行业是煤炭开采和洗选业，下降幅度为4.17%，同时就业量仅增长了16%。

在低技术行业中，有8个行业就业比重下降，7个行业就业比重上升。其中增幅最大的是纺织服装业，就业量增长259%，就业比重增加了1.62个百分点；而下降幅度最大的行业是电力、热力生产和供应业，下降幅度为2.27%。

① 由于统计数据中的"全国按行业、性别分的就业人员受教育程度构成"从2000年开始出现，因此分析的时间跨度为2000—2017年。根据OECD（2011）、牛蕊（2009）、吕世斌等（2015）的划分标准对中国工业部门的细分行业技术水平进行了分类整理。

② 数据来源：历年《中国劳动统计年鉴》。

表 1－1 技术分类下的工业分行业就业比重变化 2000—2017 年①

技术类别	行业名称	就业量变化（%）	就业比重变化（%）
高技术行业	医药制造业	184	0.47
	计算机、通信和其他电子设备制造业	545	6.03
	仪器仪表制造业	127	－0.02
	专用设备制造业	110	－0.36
中高技术行业	电器机械和器材制造业	329	3.03
	交通运输设备制造业	173	1.07
	化学原料和化学制品制造业	89	－1.12
	化学纤维制造业	44	－0.3
	通用设备制造业	102	－0.67
中低技术行业	橡胶和塑料制造业	221	0.99
	石油加工、炼焦和核燃料加工业	44	－0.56
	非金属矿物制品业	141	0.24
	黑色金属冶炼和压延加工业	47	－1.97
	有色金属冶炼和压延加工业	144	0.11
	金属制品业	280	1.51
	煤炭开采和洗选业	16	－4.17
	石油和天然气开采业	－12	－1.21
	黑色金属矿采选业	214	0.13
	有色金属矿采选业	27	－0.38
	非金属矿采选业	61	－0.24
低技术行业	农副食品加工业	269	1.6
	食品制造业	216	0.6
	酒、饮料和精制制造业	94	－0.33
	烟草制品业	－21	－0.43
	纺织业	292	－1.75
	皮革、毛皮、羽毛及其制品和制鞋业	374	1.48
	木材加工和木、竹、藤、棕、草制品业	349	0.71
	家具制造业	663	0.9

① 数据来源：历年《中国劳动统计年鉴》。其中，为了与制造业相区分，采矿业（煤炭开采和洗选业、石油和天然气开采业、黑色金属矿采选业、有色金属矿采选业、非金属矿采选业）以及电力、热力生产和供应业，燃气生产和供应业，水的生产和供应业的字体为斜体。

续表

技术类别	行业名称	就业量变化（%）	就业比重变化（%）
低技术行业	造纸和纸制品业	93	-0.27
	印刷和记录媒介复制业	70	-0.37
	文教、工美、体育和娱乐用品制造业	729	1.77
	电力、热力生产和供应业	32	-2.27
	燃气生产和供应业	52	0.16
	水的生产和供应业	-1.5	-0.63

三　服务业就业结构演变特征

按照中国对三次产业的划分标准，从服务业所包含的细分行业来看，中国服务业既包括以手工劳动为主的低技术行业，如运输业，也包括高技术服务业，如信息服务业，以及需要较高技能水平但是不属于高技术服务业类别的高技能服务业，如金融业。因此，针对服务业的技术结构特征，本书从低技术服务业、高技术服务业和高技能服务业三类进行分析。

（一）交通运输、仓储和邮政业

交通运输、仓储和邮政业以低技能劳动为主，就业结构呈现就业升级特征（图1-18）。以初中及以下为代表的低技能劳动就业比重整体上是下降的，在2005年经历了小幅上升后，开始不断下降。该技能劳动就业比重从2002年的63.2%上升到最高点2005年的68.1%，此后逐年下降到2016年的57.9%。以高中学历为代表的中等技能劳动就业比重则由2002年的29.7%下降到2005年的24.6%之后，此后基本保持不变。以高技能劳动为代表的大专及以上就业比重变化则呈现了上升态势。其中，在2010年之前，该技能就业比重缓慢上升达到2010年的10.8%，2011年快速上升到15.6%，此后基本保持不变。总体来看，交通运输、仓储和邮政业呈现低技能就业比重下降、中等技能就业比重基本不变、高技能就业比重上升的就业升级特征。

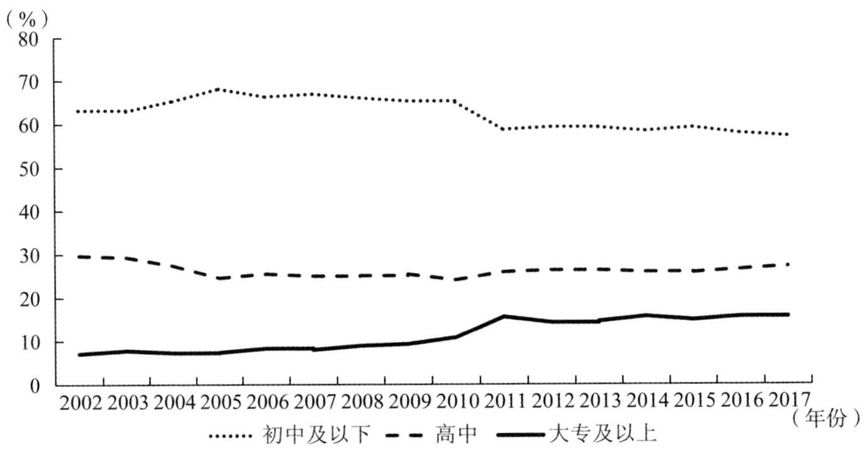

图1－18 交通运输、仓储和邮政业各类技能劳动就业比重（2002—2017年）①

（二）水利、环境和公共设施管理业

水利、环境和公共设施管理业以中低技能劳动为主，各个技能就业结构变化呈现就业极化特征（图1－19）。初中及以下学历就业比重呈现波动上升态势，且波动幅度较大，就业比重从2002年的45.4%上升到2017年的54.5%，上升9.1个百分点。其中，最低点为2003年的36.9%，最高点为2014年的58.4%。高中学历就业比重下降趋势明显，波动幅度较小，从2002年的32.5%下降到2017年的20.6%，下降为11.9个百分点。大专及以上就业比重则基本保持不变，波动幅度也较小，从2002年的22.2%增长到2017年的24.9%。从三类技能就业比重的变化可以看出，高技能和低技能就业比重上升大于中等技能就业比重变化。

（三）信息传输、软件和信息技术服务业

信息传输、软件和信息技术服务业以高技术为行业特征，对从业者的技能要求也较高，该行业各个技能水平的就业比重变化呈现就业极化特征（图1－20）。其中，初中及以下就业比重在2002—2010年变化不大，2010—2015年增幅较大，但又下降到比2010年更低的水平，整体下降幅度为8.7%。与其几乎呈相反变化特征的是大专及以上就业比重，整体上从2002年的42.9%上升到2017年的67.1%，

① 数据来源：历年《中国劳动统计年鉴》。

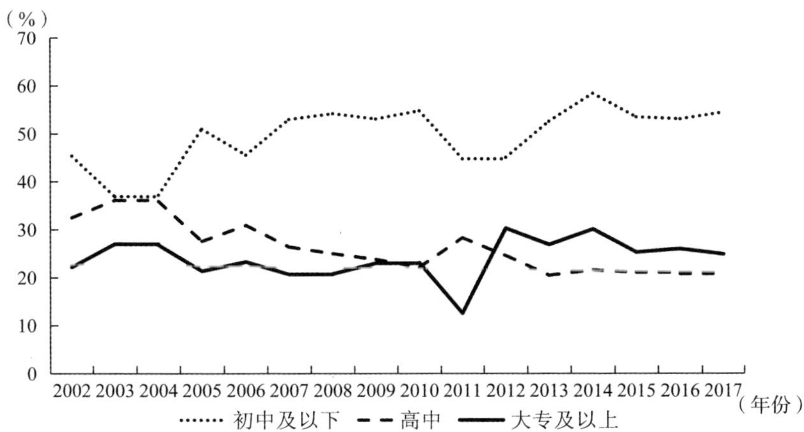

图1－19　水利、环境和公共设施管理业各类技能劳动就业比重（2002—2017年）①

上升24.2个百分点。以高中学历为代表的中等技能劳动就业比重则缓慢下降，从2002年的35.4%下降到2017年的20.2%，下降15.2个百分点。由于初中及以下学历就业比重下降幅度大于其他学历就业比重，因此就业极化特征显现。

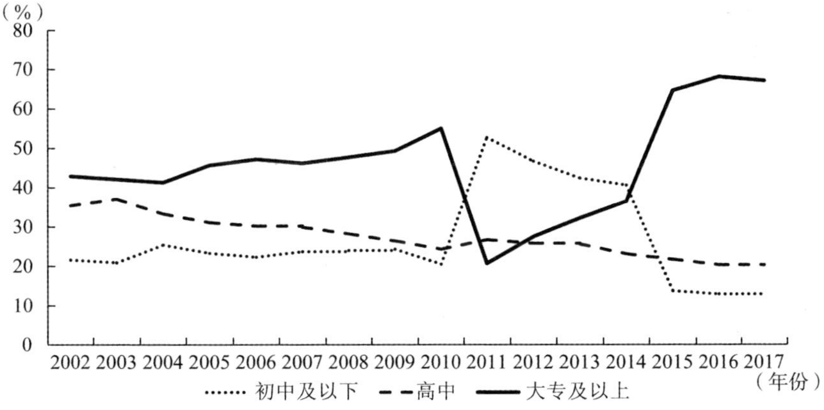

图1－20　信息传输、软件和信息技术服务业各类技能劳动就业比重（2002—2017年）②

① 数据来源：历年《中国劳动统计年鉴》。

② 同上。

（四）金融业

金融业以高技能劳动就业为主，该行业经历了就业极化过程（图1－21）。初中及以下学历就业比重在2004年和2011年经历了较大的上升，最终又回归到原来水平，该技能就业比重从2002年的16.5%下降到2017年的11.4%。高中学历就业比重除了2004年下降幅度较大外，其他年份则一直保持缓慢下降态势，从2002年的37.1%下降到2017年的21.5%。大专及以上学历就业比重上升态势明显，在2004年和2011年有较大幅度下降，从2002年的46.5%上升到2017年的67%。整体而言，金融业呈现中低技能劳动就业比重下降、高技能就业比重上升的就业升级特征。

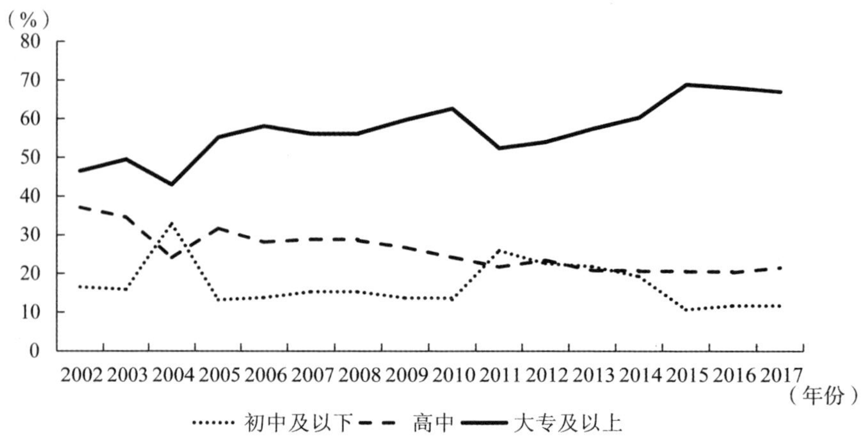

图1－21 金融业各类技能劳动就业比重（2002—2017年）①

（五）教育业

教育业以高技能劳动为主，教育业经历了较为明显的就业极化过程（图1－22）。其中，初中及以下学历就业在2007年和2011年经历了较大波动，其他年份变化不大，从2002年到2017年仅上升了3.5个百分点。高中学历就业比重下降明显，且没有大幅度波动，15年共下降了16个百分点。大专及以上学历就业比重波动上升，上升11.5个百分点。教育业各个技能就业比重呈现出低技能比重上升、中等技

① 数据来源：历年《中国劳动统计年鉴》。

能比重下降和高技能比重上升的极化特征。

从以上分析可以看出，从服务业内部五个细分行业各技能就业比重变化来看，仅交通运输、仓储和邮政业经历了就业升级过程，其他细分行业如水利、环境和公共设施管理业、信息传输、软件和信息技术服务业、金融业以及教育业均正在经历就业升级。从服务业内部细分行业的就业结构变化特征可以看出，较少比例的低技能服务业经历了就业升级，其他大多数高技能服务业则经历了就业极化，因此，就业极化正出现在服务业。

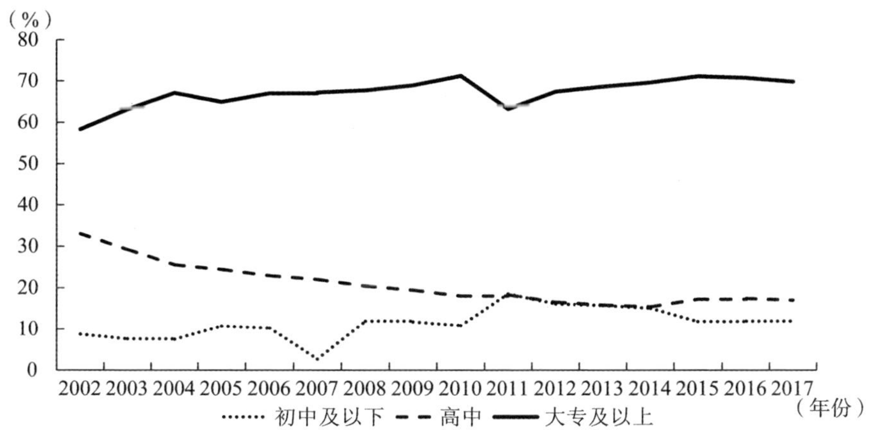

图1-22 教育业各类技能劳动就业比重（2002—2017年）①

第三节 工资不平等的演变特征

工资不平等包括中、高工资之间和中、低工资之间两部分，高、中、低工资的变化会引起中、高工资不平等和中、低工资不平等扩大或缩小，即技能溢价发生变化。将工资水平作为不同工作的技能，伴随着就业极化的出现，工资不平等也在发生变化。

在工资不平等方面，Autor等分别从实际工资百分比变化和相对工资变化两个角度对工资不平等变化进行研究，得出美国在20世纪80

① 数据来源：历年《中国劳动统计年鉴》。

年代开始出现工资极化现象。在同一段时间内，美国就业也出现了极化特征，因此，美国的就业极化以高工资和低工资工作就业上升和中等工资水平就业下降为特征。另外，美国中、高水平的技能溢价不断上升，中、低工资水平的技能溢价则不断下降。据此，从实际工资百分比变化和技能溢价两个角度对工资不平等进行分析。由于缺少全国个人层面的工资数据，本书所指的实际工资是指行业层面的实际工资。

一　实际工资变化特征

首先，选取 2003—2017 年的 19 个行业 2003 年平均工资作为基期工资水平，据此工资水平对行业进行排序。其次，根据当年居民消费者价格指数，按照公式实际工资 = 平均工资/居民消费者价格指数，将所有行业平均工资换算成实际工资。最后，计算不同行业在 2003—2017 年的实际工资百分比变化情况，然后再取对数。

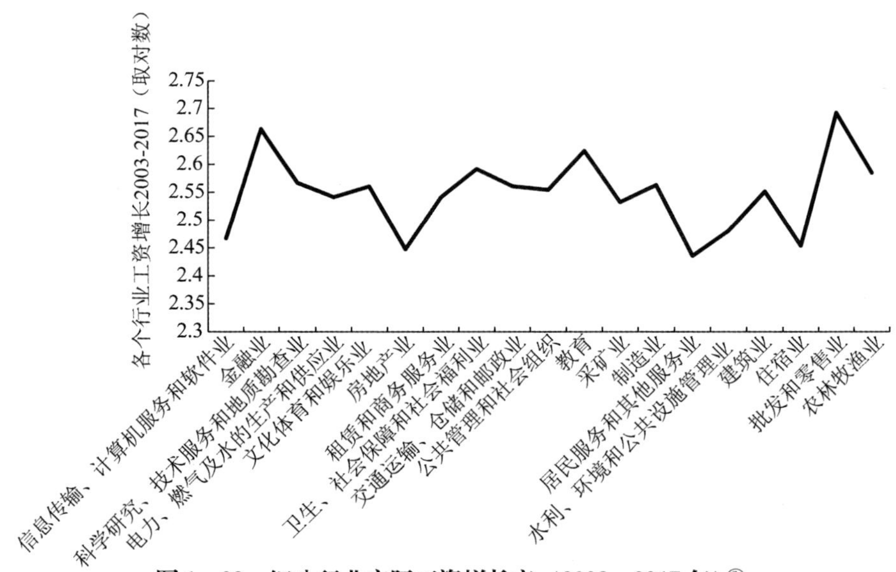

图 1-23　细分行业实际工资增长率（2003—2017 年）①

如图 1-23 所示，各行业按照平均工资排序后计算得出的工资增长幅度各有不同，总体上变化趋势较稳定，呈现线性特征。与前文根

① 数据来源：历年《中国劳动统计年鉴》。

据行业平均工资排名五分法得出就业极化的结果有所不同，这种按照基期来作为工资排序的工资变化分析方法没有得出就业极化的结论。这一结论的差异主要源于工资排序方法的不同。尽管如此，该分析不能完全说明个人层面收入水平的变化是否出现了就业极化特征，还需要从技能溢价层面加以具体分析。

二　技能溢价的变化特征

（一）整体技能溢价变化特征

国外已有的研究将工资群体主要分为大学生和高中生，技能溢价是指大学毕业生工资与高中毕业生工资的比值，考察的是两类工资之间的差异。受到国内统计数据的限制，国内主要借助同等技能下的某一行业代替学历作为工资划分标准。然而在选取与技能相对应的行业时，国内很多学者采取了不同的方法。

宋冬林等重点考察了第一产业和第二产业，根据产业不同学历的占比情况确定产业的技术水平，并将制造业和农林牧渔业平均工资之比作为技能与非技能劳动的技能溢价。① 陆雪琴等将技术工人比例较少、最高的行业平均工资作为低、高技能劳动工资，并选取了科学研究和技术服务行业、农林牧渔业平均工资之比作为高技能和低技能工人的技能溢价。② 刘兰利用每个行业的最高就业比重对应的受教育水平作为该行业的技能水平，并将该技能水平的行业平均工资作为该技能水平工资，最终选取了大专及以上就业比重最高的科学研究和综合服务业平均工资为高技能劳动力工资，将制造业平均工资作为低技能劳动力平均工资。③ 卢晶亮通过产业分类和工资分位数方法计算技能溢价，将除了农林牧渔业之外的所有行业划分为工业及建筑业、高等服务业与初等服务业三类，并按照分位数方法，以工业及建筑业工资为基准计算了各个分位数下的技能溢价。另外，作者还利用不同学历

① 宋冬林、王林辉、董直庆：《技能偏向性技术进步存在吗？——来自中国的经验数据》，《经济研究》2010 年第 5 期，第 68—81 页。

② 陆雪琴、文雁兵：《偏向型技术进步、技能结构与溢价逆转——基于中国省际面板数据的经验研究》，《中国工业经济》2013 年第 10 期，第 18—30 页。

③ 刘兰：《偏向性技术进步、技能溢价与工资不平等》，《经济纵横》2013 年第 2 期，第 140—143 页。

水平下的工资水平对技能溢价进行了计算，得出大专及以上的高技能与初中及以下的低技能之间技能溢价在不断扩大。①

考虑到目前对中国技能的划分主要分为高低技能或技能和非技能两种，如果按照高、中、低三类技能对中国技能结构进行划分，需要将行业和学历水平均进行高、中、低三类划分。本书借鉴以上几个划分标准，将受教育水平就业比重最高的行业工资作为该技能劳动力的工资。在对各个行业的最高就业比重的学历进行排序后，考虑到行业的特点，1978—2017 年，科学研究和技术服务业工资表示高技能劳动工资，制造业工资作为中等技能劳动工资，农林牧渔业工资作为低技能劳动工资。根据《中国统计年鉴》数据，对 1978—2017 年高中技能溢价、中低技能溢价和高低技能溢价进行计算。

如图 1 - 24 所示，中国技能溢价整体呈现上升态势，其中高低技能溢价显著增长，增速明显高于其他两类技能溢价，而中低技能溢价和高中技能溢价则基本同步变化，且增速较慢。从 1978 年到 2017 年，高低技能溢价从 1.4234 增长到 2.9535，共增加了 1.5301，中低技能溢价增长了 0.4954，高中技能溢价增长了 0.5522，高低技能溢价增幅接近于其他两类技能溢价的三倍，说明中国高等教育工资回报不断上升。

另外，中国三类技能溢价经历了相类似的发展趋势，这一趋势可以细分为 3 个阶段。第一阶段，缓慢增长阶段。1978—1991 年，三类技能溢价增速基本保持一致，高低技能溢价从 1978 年的 1.4234 上升到 1991 年的 1.5575，中低技能溢价从 1978 年的 1.2702 上升到 1991 年的 1.3856，高中技能溢价则从 1978 年到 1991 年仅增长了 0.0035，增速最低且基本不变。这一阶段，中国技能溢价差异较小，工资不平等现象不显著，引起这一现象的主要原因是，中国这一时期整体受教育水平不高，技能结构变化不大，技能结构整体较低，没有因技能水平大幅度提高引起的工资不平等加剧。

第二阶段，快速增长阶段。1992—2008 年，高低技能溢价增速明显快于其他两类技能溢价增速。高低技能溢价在此期间共增长了

① 卢晶亮：《城镇劳动者工资不平等的演化：1995—2013》，《经济学（季刊）》2018 年第 4 期，第 1305—1328 页。

1.9196，而高中技能溢价和中低技能溢价仅分别增长了0.6827和0.5015，由此可以看出，中国工资不平等问题正在加剧，尤其是高技能群体和低技能群体之间的工资差距不断扩大，2008年工资之比达到了3.6236，高技能劳动工资是低技能劳动工资的3倍之多。相比较而言，中等技能群体和低技能群体之间的工资不平等问题也很突出。从数值上来看，中低技能劳动工资之比最大值在2006年达到了1.9662，中等技能劳动工资接近低技能劳动工资的两倍，而高中技能劳动工资之比在2009达到了1.8675，也接近两倍的差距。这一阶段技能溢价快速上升和工资不平等问题加剧的主要原因是两方面，一方面，中国加快了科教兴国战略，不断增加教育投入，使得大专及以上受教育群体不断增加，同时中国快速的发展为这些受教育群体提供了较大的成长空间，工资不断提高；另一方面，中国仍有很多劳动者不能接受完整的中学教育，教育不均等、贫困等问题依然严峻，从而其技能水平和相应工资上升较慢。

第三阶段，快速下降阶段。2009—2017年，三类技能溢价出现了较快的下降趋势，尤其是高低技能溢价下降显著，明显高于其他两类技能溢价下降速度。高低技能溢价在2009年到2017年共下降了0.6701，在2015年达到该阶段的最低点并有所反弹。中低技能溢价共下降了0.1764，高中技能溢价共下降了0.1921，与高低技能溢价相比，两者下降幅度较小。2017年，高低技能溢价为2.9535，高中技能溢价为1.6728，中低技能溢价为1.7656，由此可知，中国技能溢价虽然有所下降，但是依然处于较高水平，并且处在缓慢上升的过程，工资不平等问题依然很严峻。这一阶段工资差距的下降与2008年经济危机有直接关系。由于受到经济危机冲击较大的行业集中在金融、房地产等高技能、高收入行业，而低技能行业受到的冲击较小，因此表现出高低技能溢价下降幅度最大。

根据Acemoglu的劳动力供求关系理论，技能溢价受到技能劳动供给与需求变化的影响。当大学毕业生供给增加时，在市场需求不变或者小于供给时，教育溢价将会下降，反之会上升。而美国20世纪80年代大学生供给增加时，教育溢价快速上升，在Acemoglu看来这是需求加速导致的，需求加速背后是经济发展对高技能人才需求明显快于供给引起的。①

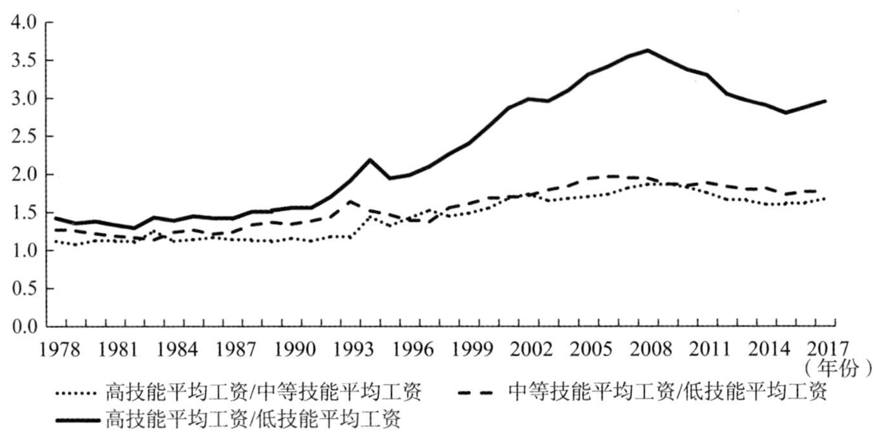

图1－24　三类技能溢价变化趋势（1978—2017年）②

（二）技能溢价的区域特征

如图1－25和表1－2所示，从历年均值来看，对31个省份的三类相对工资进行区域性特征统计后可以看出，各类技能溢价均呈现上升态势。高技能与低技能相对工资均值始终大于其他两类相对工资均值，并呈现先上升后下降的态势，从1990年的1.40845上升到2009年的2.48285，又下降到2017年的2.16720。可以看出，高技能和低技能之间的工资差距处在不断上升的过程。中等技能与低技能相对工资均值和高技能与中等技能相对工资均值变化基本同步，前者呈现缓慢波动上升的态势，从1990年的0.75026上升到2014年的1.69691，后小幅下降到2017年的1.51131；后者从1990年的1.04938上升到2007年的1.67340，后下降到2017年的1.45685。

从标准差来看，高技能与中等技能相对工资的区域间标准差基本保持在0.2—0.3，最大值为2007年的0.41080，表明在这类相对工资差距上，地区间的差距较小。中等技能与低技能相对工资的区域间标

① Acemoglu, Daron, "Technical Change, Inequality, and the Labor Market", *Journal of Economic Literature*, Vol. 40, No. 1, 2002, pp. 7－72.

② 数据来源：历年《中国统计年鉴》。

准差从0.1到0.6分布均匀，最高值为2015年的0.66863，与前者相比，地区间的差距较大。对于高技能与低技能相对工资的区域差距的标准差则从0.1增加到最高2015年的1.06046，标准差变化幅度巨大，这表明同一年不同地区相对工资的差距很大。

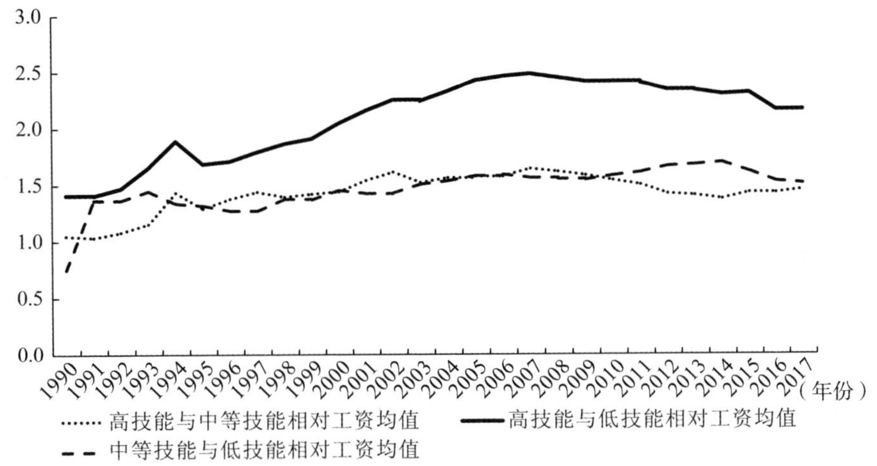

图1-25　相对工资均值变化趋势（1990—2017年）①

从最值来看，可以更清晰地看出不同地区间的差距。高技能与中等技能相对工资的最大值与最小值差距不大，从0.8到3.0不等，主要在1和2左右浮动。最大值为2007年的3.05548，最小值为1991年的0.84015，最值差距最大的年份为2007年，差距为1.95629，差距最小的年份为1990年，差距为0.31382。中等技能与低技能相对工资的最大值从1到3不等，且分布均匀，最小值则只有1992年和2014年超过了1，其他年份均低于1，最大值为2015年的4.09608，最小值为2002年的0.51662。高技能与低技能相对工资的最大值达到2007年的5.05552，最小值为1991年的1.06272，最值差距最大的年份为2015年的5.53261，同时也是标准差最大的一年。从以上分析可以看出，中国相对工资在地区间的差距不断扩大，尤其是在同一年份的不同地区之间，差距虽有小幅下降，但整体呈上升态势。

① 数据来源：历年《中国统计年鉴》。

表1-2　我国31个省份技能溢价的区域差异1990—2017年①

年份	高技能与中等技能相对工资				中等技能与低技能相对工资				高技能与低技能相对工资			
	均值	标准差	最大值	最小值	均值	标准差	最大值	最小值	均值	标准差	最大值	最小值
1990	1. 04938	0. 07785	1. 18095	0. 86713	0. 75026	0. 08383	0. 96831	0. 59594	1. 41239	0. 15868	1. 80853	1. 07909
1991	1. 03437	0. 10295	1. 31815	0. 84015	1. 36611	0. 16382	1. 76181	0. 99489	1. 40845	0. 18842	1. 77076	1. 06272
1992	1. 08107	0. 09147	1. 25198	0. 90485	1. 36600	0. 18652	1. 94883	1. 01399	1. 47193	0. 20135	1. 90323	1. 10258
1993	1. 15523	0. 14753	1. 51965	0. 85869	1. 44765	0. 33006	2. 94353	0. 93425	1. 65606	0. 35251	3. 11295	1. 15381
1994	1. 43444	0. 24773	2. 39981	1. 04031	1. 33841	0. 25423	2. 27277	0. 83340	1. 89007	0. 31190	2. 57510	1. 24816
1995	1. 29318	0. 20206	2. 04657	0. 97139	1. 31961	0. 18293	1. 77759	0. 80542	1. 68709	0. 23658	2. 21031	1. 31520
1996	1. 37885	0. 27234	2. 58300	1. 08517	1. 27429	0. 22855	1. 76004	0. 54651	1. 71205	0. 23246	2. 21399	1. 24316
1997	1. 44012	0. 25751	2. 38855	1. 04177	1. 27346	0. 22534	1. 78767	0. 65631	1. 79404	0. 24964	2. 42100	1. 29537
1998	1. 39646	0. 26922	2. 47541	0. 99119	1. 37683	0. 30811	2. 31348	0. 56894	1. 86649	0. 30823	2. 65452	1. 40835
1999	1. 42198	0. 24247	2. 37856	1. 02475	1. 37216	0. 29714	2. 18109	0. 61134	1. 91080	0. 35824	2. 88893	1. 37514
2000	1. 44203	0. 27443	2. 62789	1. 02445	1. 45424	0. 34218	2. 43486	0. 66359	2. 04677	0. 41123	3. 12688	1. 39222
2001	1. 54129	0. 22416	2. 06260	1. 10219	1. 42645	0. 37524	2. 45117	0. 60191	2. 15904	0. 52625	3. 49266	1. 24151
2002	1. 61452	0. 34005	3. 03207	1. 17746	1. 43069	0. 38407	2. 33416	0. 51662	2. 25378	0. 60495	3. 93050	1. 49980

① 数据来源：历年《中国统计年鉴》。由于缺少1990—1996年重庆的数据，故采取将其他省份的某一项数据平均值作为重庆该项的取值。云南缺少1993年的数据，故将1992年和1994年该项的平均值作为1993年的取值。对于1993年缺失的数据，本书先对云南省数据进行估值，再对重庆估值。

续表

年份	高技能与中等技能相对工资				中等技能与低技能相对工资				高技能与低技能相对工资			
	均值	标准差	最大值	最小值	均值	标准差	最大值	最小值	均值	标准差	最大值	最小值
2003	1.52286	0.31149	2.65408	1.17256	1.50681	0.39776	2.46089	0.62345	2.24296	0.59313	3.66378	1.51250
2004	1.56349	0.36299	2.72329	1.13331	1.53594	0.41465	2.49761	0.57322	2.32790	0.63441	3.81350	1.55189
2005	1.57618	0.34326	2.47675	1.10107	1.58062	0.43688	2.63439	0.66490	2.42614	0.69103	3.99734	1.51704
2006	1.57706	0.32911	2.35466	1.10407	1.59188	0.43437	2.81013	0.72602	2.46298	0.73446	4.16513	1.58606
2007	1.64340	0.41080	3.05548	1.09919	1.56275	0.46182	2.94406	0.56337	2.48385	0.75470	4.40834	1.51025
2008	1.61707	0.34942	2.39335	1.07244	1.55340	0.50035	3.44667	0.58616	2.44928	0.82030	5.05552	1.40289
2009	1.58670	0.30433	2.24440	1.11086	1.54550	0.44990	3.19497	0.77130	2.41575	0.77808	4.85768	1.62723
2010	1.54178	0.32646	2.36473	1.00984	1.58331	0.42863	3.19980	0.87042	2.41590	0.78921	4.78386	1.63246
2011	1.50265	0.32113	2.20125	0.94941	1.61164	0.44856	3.17277	0.94126	2.40408	0.85516	4.76921	1.45910
2012	1.42198	0.28873	2.05133	0.99998	1.66541	0.49944	3.27859	0.96994	2.34225	0.80754	4.60141	1.26700
2013	1.40812	0.24376	1.98816	1.05490	1.67934	0.56323	3.47802	0.97649	2.33693	0.81342	4.56609	1.36605
2014	1.37618	0.22049	1.90811	1.01931	1.69691	0.62187	3.82129	1.01637	2.30036	0.81455	4.81219	1.47453
2015	1.43163	0.18438	1.83630	1.09061	1.61748	0.66863	4.09608	0.95130	2.31365	1.06046	6.88130	1.34869
2016	1.42891	0.16062	1.78307	1.07983	1.53097	0.51330	3.64884	0.92246	2.16305	0.65935	4.52862	1.31774
2017	1.45685	0.18710	1.88010	1.02751	1.51131	0.52314	3.63047	0.90207	2.16720	0.65454	4.37358	1.30788

第二章

偏向型技术进步对就业极化的影响

第一章的分析指出，中国就业极化现象初步显现，高、中、低技能劳动在就业市场的份额发生了特征性变化。与发达国家类似，中国出现了高低技能劳动就业比重变化大于中等技能劳动就业比重变化，而在工资不平等方面没有出现类似的现象。现有研究指出，影响就业极化的最主要因素之一是技术进步的技能偏向型。

在技术进步发展过程中，经济社会效率和产出快速提高，从而反过来进一步促进技术进步的发展。然而技术进步给参与经济活动的劳动也带来了显著影响。首先，技术进步处在知识的最前沿，对生产技术的劳动者提出了更高的技能要求，要求其具备良好的高等教育以及对新技术的前瞻性。其次，高技术产品和设备对使用者提出了更高要求，不具备相关使用技能的劳动者需要快速适应和掌握高技术产品与设备的使用技巧。在技术产品设备更新过程中，高技能劳动者起到不可替代的互补作用。最后，技术为企业带来效率提升和成本下降，原来效率低下或者无法快速适应新技术的劳动者，将会因企业的技术引进而面临被淘汰的风险。因此，技术进步在促进经济发展的同时，也在重塑就业市场结构。随着技术的更进一步发展，原有的就业结构还将发生更深刻的变化。

中国经历了四十年的快速发展，经济发展取得显著成效，技术进步在其中发挥了不可替代的作用。在一穷二白的情况下，中国作为发展中国家，积极引进国外先进技术，通过合资和自主研发的方式，共同推进中国技术水平向前发展。另外，中国增加教育投入，为市场提供高技能人才。中国技术水平的发展高度依赖外部环境，借助于外部力量，中国走出了一条快速提升技术水平的道路。在技术进步促进经济发展的同时，为适应技术进步的发展，就业结构也在不断变革。几十年的快速发展，中国劳动市场也出现了类似于欧美国家的就业极化特征。所不同的是，中国作为发展中国家，快速走完了欧美国家上百年的技术发展历程，技术的发展历程以及对就业的影响过程也将有符合本国发展现实的逻辑。

本章分为三节进行论述。第一节对中国过去的技术进步历程进行梳理和总结，分析当前中国技术进步现状，归纳中国技术进步的发展阶段和特点。第二节对技能偏向型技术进步影响就业极化的影响机制进行剖析，深入技术和就业结构内部，厘清技术在影响高、中、低技能劳动就业方面的不同作用机制。第三节在第一节的现实和第二节的理论机制基础上，分析了技能偏向型技术进步实现就业极化的路径。

第一节　中国技术进步的基本事实

中国的技术水平在过去四十年取得了较快发展，并在较短时间内走完了发达国家上百年的历程。中国的技术进步不同于其他国家的最主要原因是，中国坚持了以优先发展重工业为逻辑起点的工业化道路。以此战略为依托的一系列经济发展方针、产业升级政策在工业化过程中逐渐建立。在这种背景下，中国的技术进步也将呈现出特有的发展历程。

从目前来看，已有研究提出了多个指标来衡量技术进步水平。在索洛经济增长模型中，全要素生产率是技术进步的主要衡量指标。[①] 在互联网时代，电脑是技术进步的最主要表现形式，因此电脑可以作为技能偏向型技术的代表。[②] 在熊彼特创新理论中，创新是企业通过不断从内部产生创造性破坏来产生新组合，从而促进经济向前发展的

① Solow, Robert M., "technical change and the aggregate production function", *The Review of Economics and Statistics*, Vol. 39, No. 3, 1957, pp. 312 - 320.

② Autor, David H., Lawrence F. Katz, and Alan, B. Krueger, "Computing Inequality: Have Computers Changed the Labor Market?", *The Quarterly Journal of Economics*, Vol. 4, 1998, pp. 1169 - 1213.

过程。[①] 而企业创造性破坏行为的最主要表现形式是研发行为。[②] 另外，技术进步不仅受到有目的的研发行为的推动，还受到人力资本储备的影响。[③]

因此，本节将通过对全要素生产率、创新、研发以及人力资本等角度对中国技术进步的发展历程进行介绍。

一 中国技术进步的发展现状

（一）创新能力不断提高

全球创新指数（Global Innovation Index）是欧洲工商管理学院（INSEAD）和世界知识产权组织（WIPO）联合发布的用来衡量各个国家综合创新能力的指标体系，是一个国家在吸收先进技术、人力资本增长、组织发展以及制度完善方面的能力体现。全球创新指数从创新投入和创新产出两个大类、七个小类对一国的创新能力进行评价和排名。创新投入包括制度和政策、人力资本、基础设施、技术成熟度、商业成熟度，创新产出包括知识和技术产出、创造性产出。

从全球排名来看，中国的国家创新能力逐年上升。如图 2－1 所示，中国全球创新指数总体排名从 2009 年的 43 名波动上升到 2017 年的 17 名，第一次挤进全球前 20 名。其中，创新投入的增长幅度最大，由 2009 年的第 67 名上升到 2017 年的第 27 名，每年均有较大幅度上升；创新产出从 2009 年的第 31 名上升到第 10 名。中国在创新投入与创新产出上不成比例，前者总是落后于后者，这说明中国的创新潜力巨大。而总体排名则总是落后于创新产出，可以看出，中国在创新质量上有待进一步提高。尽管如此，中国总体创新能力已经处在上游水平，下一步就是对中国各项具体指标进行加强，实现各项指标的均衡发展。

---

① ［美］约瑟夫·熊彼特：《经济发展理论》，何畏、易家详等译，商务印书馆 1990 年版，第 66—85 页。

② Aghion Philippe and Howitt Peter，“A Model of Growth through Creative Destruction”，*MIT Working Paper*，No. 527，1989.

③ Romer，Paul M.，“Technological Change”，*Journal of Polotical Economy*，Vol. 98，No. 5，1990，pp. S71－S102.

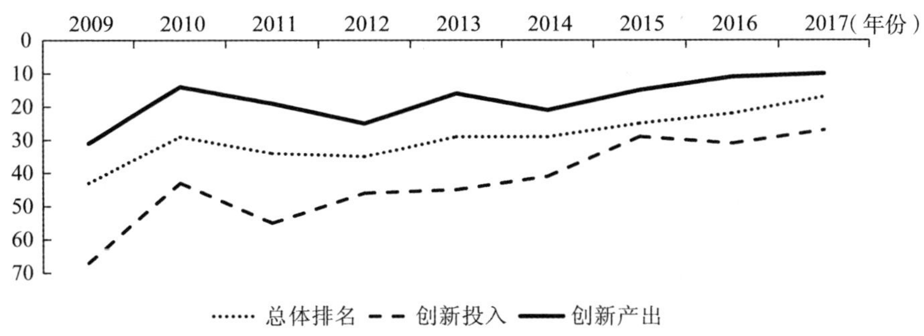

图2－1　中国全球创新指数排名（2009—2017年）①

在创新投入所包含的五项指标中（图2－2），所有指标均实现了大幅度增长，并排在较高位置。其中，制度和政策指标在所有指标中长期处于最低排名。2017年，尽管商业成熟度排在第9名，其他三类指标排在20名左右，而制度与政策指标却仅排在第70名。除此之外，人力资本、基础设施、市场成熟度和商业成熟度四项指标均呈现类似的变化特征。

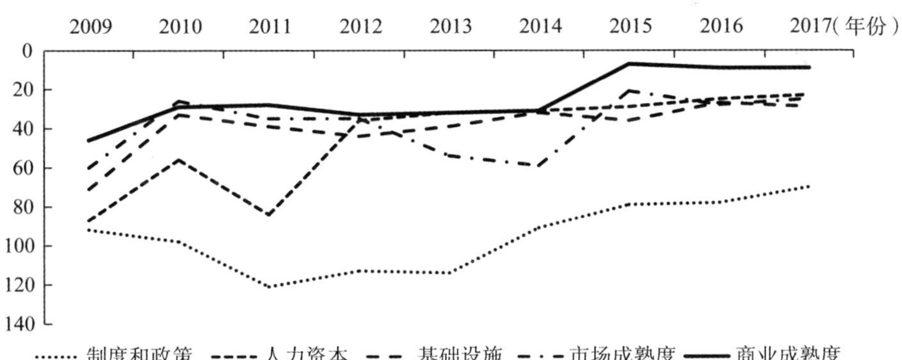

图2－2　中国创新投入世界排名（2009—2017年）②

在创新产出包含的两项指标中（图2－3），知识产出和创造性产

① 数据来源：整理自WIPO（世界知识产权组织）发布的历年《全球创新指数》（Global Innovation Index，GII）．https：//www. wipo. int/publications/zh/details. jsp？ id＝4330。

② 同上。

出均实现快速增长。知识产出从2009年开始，便处在全球前10名，并稳步上升，最高位达到全球第2名。创造性产出指标长期排名不高，2012年处于第96名。但是到了2017年，该指标跃升到第21名，增幅明显。相比较而言，创造性产出排名长期远低于知识产出，说明中国虽然在整体创新方面有了长足进步，但还有进一步提升的空间。

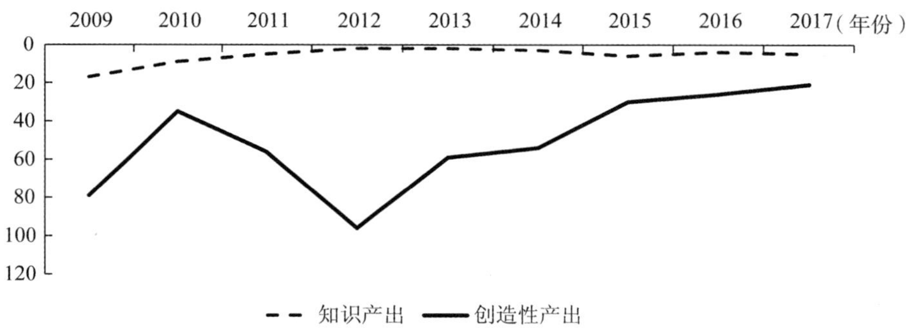

图2-3 中国创新产出世界排名（2009—2017年）①

总体来看，中国的创新能力已经实现了中等水平向上游水平的快速提升。尽管个别指标仍处于中上游水平，但随着中国整体经济水平的提升，创新能力还将会进一步提升。

（二）全要素生产率稳步提升

全要素生产率又称索洛余值，是指除去资本和劳动要素投入后的产出贡献率之外，其他各类要素对产出的综合贡献。根据Penn World Table（PWT 9.0）中按照购买力平价理论计算的ctfp对中国全要素生产率进行统计。②

改革开放以来，中国全要素生产率不断上升。具体而言，上升的过程经历了两个阶段。第一阶段，波动上升阶段。这一阶段从1978年持续到1999年。如表2-1和图2-4所示，全要素生产率在这段时

① 数据来源：整理自WIPO（世界知识产权组织）发布的历年《全球创新指数》（Global Innovation Index，GII）. https：//www. wipo. int/publications/zh/details. jsp? id =4330。

② 此处以PWT中的ctfp［TFP level at current PPPs（USA =1）］数据作为中国全要素生产率数据。其中，ctfp是将美国作为一个单元，按照购买力平价理论进行测算的全要素生产率。

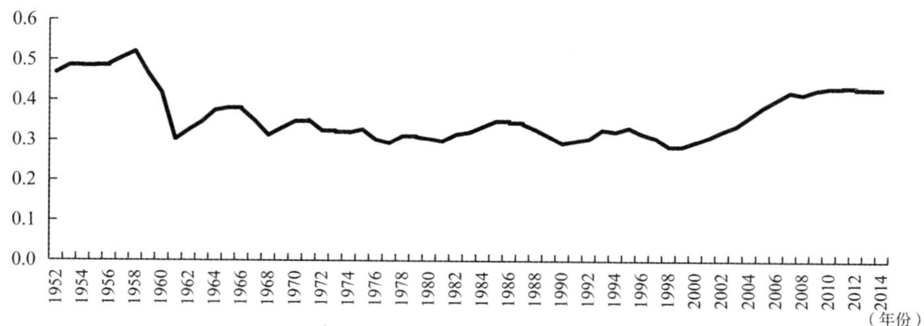

图2－4　中国全要素生产率指数（1952—2014年）①

间经历了两次较大起伏，并回归到原来水平。这一时期，中国刚实行改革开放政策，全国在短时间内实现了生产和投资的大幅增长，带动了生产率提高。但由于缺乏发展经济的经验，在改革开放过程中，难免造成一些资源浪费、效率不高等现象，从而使得全要素生产率在经济增长过程中起伏变化。

第二阶段，快速上升阶段。这一阶段从2000年持续到现在。全要素生产率从2000年开始迎来了前所未有的较快增长，2014年达到0.4325。这一时期，中国逐步实现了工业化，并不断实现产业结构升级，从注重增长到注重效率，全要素生产率快速上升。

表2－1　中国全要素生产率指数及增长率（1952—2014年）②

年份	TFP 指数	TFP 增长率	年份	TFP 指数	TFP 增长率
1952	0.4684	—	1984	0.3348	0.0428
1953	0.4862	0.0379	1985	0.3489	0.0420
1954	0.4856	－0.0011	1986	0.3452	－0.0106
1955	0.4866	0.0020	1987	0.3417	－0.0102
1956	0.4893	0.0055	1988	0.3280	－0.0399
1957	0.5059	0.0339	1989	0.3110	－0.0519
1958	0.5209	0.0296	1990	0.2931	－0.0576

① 数据来源：Penn World Table（PWT 9.0）：https：//www.rug.nl/ggdc/productivity/pwt/。
② 同上。

续表

年份	TFP 指数	TFP 增长率	年份	TFP 指数	TFP 增长率
1959	0.4654	-0.1066	1991	0.2995	0.0217
1960	0.4187	-0.1002	1992	0.3048	0.0178
1961	0.3026	-0.2774	1993	0.3271	0.0733
1962	0.3257	0.0765	1994	0.3229	-0.0128
1963	0.3458	0.0617	1995	0.3325	0.0298
1964	0.3748	0.0838	1996	0.3171	-0.0465
1965	0.3806	0.0156	1997	0.3072	-0.0312
1966	0.3777	-0.0077	1998	0.2856	-0.0703
1967	0.3484	-0.0776	1999	0.2857	0.0003
1968	0.3132	-0.1010	2000	0.2972	0.0404
1969	0.3311	0.0573	2001	0.3090	0.0397
1970	0.3481	0.0511	2002	0.3244	0.0499
1971	0.3501	0.0059	2003	0.3373	0.0397
1972	0.3243	-0.0736	2004	0.3607	0.0694
1973	0.3216	-0.0084	2005	0.3847	0.0664
1974	0.3201	-0.0046	2006	0.4035	0.0490
1975	0.3275	0.0230	2007	0.4222	0.0463
1976	0.3020	-0.0777	2008	0.4165	-0.0136
1977	0.2940	-0.0268	2009	0.4276	0.0267
1978	0.3114	0.0593	2010	0.4328	0.0122
1979	0.3091	-0.0074	2011	0.4345	0.0039
1980	0.3040	-0.0163	2012	0.4306	-0.0088
1981	0.2987	-0.0177	2013	0.4299	-0.0016
1982	0.3158	0.0573	2014	0.4325	0.0060
1983	0.3211	0.0168	—	—	—

（三）高技术产业实现全面增长

高技术产业可以集中体现中国先进技术发展的整体水平。其中，新产品产值、研发人员数量、专利申请数量和研发成本是高技术产业发展的最主要衡量指标。其中，如图 2-5 所示，高技术产业在四个方面均实现了大幅度增长。研发人员全时当量从 1995 年的 57838 人年增长到 2016 年的 580248 人年，增长了 10 倍有余，年平均增长率 41%。

研发支出在22年间增长了12倍多。新产品产值则增长了50倍，年均增长率230%。专利申请数量由1995年的612件增长到2016年的13168件，22年间增长了20倍，年均增长率93%。从这些数据可以看出，中国高技术产业在国家引导与市场培育下实现了跨越式发展。

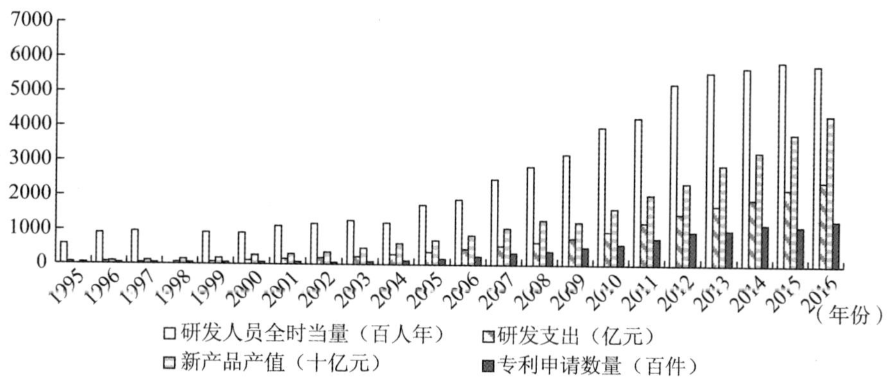

图2-5　中国高技术产业发展情况（1995—2016年）①

二　中国技术进步的发展阶段

后发优势理论指出，由于发达国家在技术上的优势，落后国家可以借助于引进和模仿先进国家的技术和经验，通过技术转让、外国直接投资和吸纳技术人员等方式来引进和使用新技术，逐步实现快速经济赶超。② 技术引进可以实现发展中国家比发达国家更快的经济增长。③ 随着技术差距的不断缩小，发展中国家通过“干中学”向“干中学加工”的转变，实现自主创新体系的建立。④ 因此，技术引进和模仿的同时，利用“干中学”来吸收和掌握技术，是后发国家进入并实现工业化的重要途径。中国作为发展中国家，在改革开放之初，技术基础十分薄弱，与发达国家技术差距巨大，必须选择通过大力引进

① 数据来源：历年《中国高技术产业统计年鉴》。

② Gerschenkron, Alexander, *Economic Backwardness in Historical Perspective*, The Belknap Press of Harvard University Press, 1962.

③ 林毅夫、张鹏飞：《后发优势、技术引进和落后国家的经济增长》，《经济学（季刊）》2005年第1期，第53—74页。

④ 吉亚辉、祝凤文：《技术差距、“干中学”的国别分离与发展中国家的技术进步》，《数量经济技术经济研究》2011年第4期，第49—63页。

和吸收国外先进技术的方式来发展本国经济。从实际情况来看，这种方式极大地缩短了中国技术进步的时间，并实现了技术的跨越式发展。以后发优势理论为分析起点，可以将中国的技术进步发展阶段分为三个阶段：技术模仿、技术研发和技术自主创新。[①] 三个阶段均不是独立存在的，而是兼而有之，不同时期占主导地位的发展特征有所不同。中国技术进步的时间段划分为：1949—1991 年为技术模仿阶段，1991—2006 年为技术研发阶段，2006 年至今为技术自主创新阶段。

（一）技术模仿阶段：1949—1991 年

这一阶段技术引进和模仿占据主导地位。新中国成立初期，中国农业总产值比重为 70%，工业总产值占比 30%，而重工业产值占工农业总产值的比重仅为 7.9%。[②] 这种经济现实是中国选择技术引进的现实基础。

1956 年公布的《1956—1967 年科学技术发展远景规划》将“重点发展，迎头赶上”作为指导方针。《1963—1972 年科学技术发展规划》确定了“自力更生，迎头赶上”的发展方针，并提出了“科学技术现代化是实现农业、工业、国防和科学技术现代化的关键”。《1978—1985 年全国科学技术发展规划纲要》指出科学技术是第一生产力，而“四个现代化”的关键在于科学技术现代化。当时的科技发展目标是部分重要科学技术领域接近或达到 20 世纪 70 年代的世界先进水平，并拥有一批现代化的科学实验基地。由此可见，当时中国的科研基础十分薄弱，要想快速缩小差距，必须大力引进国外先进设备和技术。

《1986—2000 年科学技术发展规划》强调要发展具有中国特色的科学技术体系，同时出台了高技术研究发展（863）计划、火炬计划、星火计划、国家自然科学基金等科技计划，使得中国在科技资源的配置和管理上做了有益尝试。

随着中国对高新技术的支持，中国的工业和制造业基础不断建立，技术取得较大进步。1985 年工业产值占比仅为 20.9%，到了 1996 年

① 赵晓华：《基于能力构建的我国技术赶超问题研究》，博士学位论文，云南大学，2016 年，第 69—75 页。

② 国家统计局：《1981 年中国经济年鉴（简编）》，经济管理出版社 1982 年版，第 VI—4 页。

工业产值占总产值的42.1%，工业基础在不断建立。由于工业化初期中国工业基础薄弱，主要的驱动因素就是引进外资和技术。由于技术水平差距较大，中国在技术引进的同时不断学习和模仿，从而快速提高了技术。总之，这一阶段，中国的技术进步处于模仿学习过程。

（二）技术研发阶段：1991—2006年

《1991—2000年科学技术发展十年规划和“八五”计划纲要》指出，中国已经建立了1000多万人的自然科学技术队伍，学科门类比较齐全的科技体系，以及较强的科技攻坚能力。基本目标是加强基础性研究，争取实现某些领域的基础性研究达到国际先进水平，并形成一批具有国际水平的基础研究机构，同时坚持消化、吸收和自主开发技术相结合的方式，使中国技术水平达到国外20世纪80年代中期水平。此时，中国的目标是提高整体研发能力，并实现某些领域的突破。

2001年公布的《国民经济和社会发展第十个五年计划科技教育发展专项规划》指出，中国在众多高技术领域取得了突破性进展，为中国基础科学研究创造了良好条件。企业科技力量进一步加强，知识创新工程试点工作初显成效，同时，科技体制改革取得了突破性进展，科技重点开始转向国民经济建设主战场。民营科技企业兴起，国家创新体系正在逐步建立。这一阶段，中国建立了完备的技术体系，开始向创新领域尝试，为下一阶段自主创新打下了良好基础。

（三）技术自主创新阶段：2006年至今

《国家“十一五”科学技术发展规划（2006—2010）》将增强自主创新能力作为国家战略，大力推进科技进步和创新。从此，自主创新能力第一次上升为国家战略。该《规划》还指出，中国整体科技水平与世界先进水平仍有较大差距，尤其是自主创新能力不足已经成为制约中国经济社会可持续发展的重要因素。因此，提高自主创新能力是这一时期技术进步的核心任务。

2011年发布的《国家“十二五”科学和技术发展规划》将提高自主创新能力、建设创新型国家作为这一时期的攻坚任务，提出“自主创新、重点跨越、支撑发展、引领未来”的指导方针，全面推进国家创新体系建设，为进入创新型国家行列奠定基础。

《国家中长期科学和技术发展规划纲要（2006—2020年）》指出，必须“更加自觉、更加坚定地把科技进步作为经济社会发展的首要推动力量，把提高自主创新能力作为调整经济结构、转变增长方式、提高国家竞争能力的中心环节，把建设创新型国家作为面向未来的重大战略选择”①。自主创新能力将是中国未来十五年技术发展的重点方向。

在此期间，国家出台了《2006—2020 年国家信息化发展战略》，明确指出，“信息化成为全球经济社会发展的显著特征，并逐步向一场全方位的社会变革演进……广泛应用、高度渗透的信息技术正孕育着新的重大突破”，因此要“实现信息技术自主创新、信息产业发展的跨越”。② 中国抓住了信息技术发展的机遇期，自主创新能力提升进入快车道。

总之，在国家政策的引导和支持下，中国技术的发展经历了技术引进和模仿、技术研发体系建立和自主创新水平的全面提升，走过了发达国家上百年的技术发展历程，技术发展成效显著。

三 中国技术进步的发展特征

（一）强制性技术变迁

与发达国家所走的诱致性技术变迁道路不通，中国选择并成功走出了强制性技术变迁之路，即通过引进国外先进技术，通过模仿、学习、深化的方式来获得本国技术的跨越式发展，主要是通过购买专利和技术、高技术设备和引进外资等形式发展本国技术。

新中国成立初期，受到当时国际和国内政治环境、经济环境的影响，同时反映了当时领导人的经济思想，中国选择了赶超型经济发展战略，并以优先发展重工业为逻辑起点来建立经济发展体系。大力引进国外先进技术发展重工业，使得重工业在国民经济中的比重过大。

改革开放之后，市场化改革释放了企业活力，为技术发展提供了强大动力。作为市场经济的主体，企业的生存必须依靠强大的技术为支撑。企业的技术进步有模仿和自主创新两种形式。随着市场化改革的深入，企业的发展带动了技术引进和研发投入的不断增加，从而促

① 国务院：《国家中长期科学和技术发展规划纲要（2006—2020 年）》，http：//www. most. gov. cn/kjgh/。

② 《2006—2020 年国家信息化发展战略》，中国政府网（http：//www. gov. cn/test/2009－09/24/content_ 1425447. htm）。

进了中国技术逐步由技术模仿向技术创新转变。

（二）国家控制力确保了技术进步的快速增长

虽然引进技术的成本比自主创新成本要低，但是国家控制力确保了强制性技术变迁的实现。由于发展中国家缺少资金和政策完善，强制性技术变迁并不会被每个发展中国家成功实现。

国家的控制力表现在对经济资源计划、组织和分配。首先，对土地和自然资源的控制力降低了技术引进部门获得土地和自然资源的成本，极大地吸引了外资。其次，对金融资源的控制力确保了国家通过信贷计划给技术引进部门提供低廉的金融资源。最后，对劳动力资源和基本医疗制度的控制力使中国拥有了规模巨大的素质高、成本低的劳动力。[①] 在国家控制力的保障下，中国充分利用了本国的比较资源优势来发展技术，同时为外来资本和技术提供良好的发展环境，降低了资本和技术的引进成本，减少了中国在技术引进上的障碍，实现了中国技术的快速发展。

（三）有计划的技术发展之路

新中国从成立之初便开始出台经济和社会发展五年规划与科技发展专项规划，为中国科技发展提供了政策引导。从1953年开始，中国每五年发布一次未来五年的经济发展规划，简称五年规划。五年规划为中国过去五年的经济发展情况进行总结，并制定出下一个五年的经济发展目标。第一个科技发展规划在1956年发布，并每隔一段时间发布一次，包括《1956—1967年科学技术发展远景规划》《1963—1972年科学技术发展规划》《1978—1985年全国科学技术发展规划纲要》《1986—2000年科学技术发展规划》《1991—2000年科学技术发展十年规划和“八五”计划纲要》《全国科技发展“九五”计划和到2010年远景目标纲要》《国民经济和社会发展第十个五年计划科技教育发展专项规划》《国家中长期科学和技术发展规划纲要（2006—2020年）》《“十二五”科学和技术发展规划》《国家创新驱动发展战略纲要》《“十三五”国家科技创新规划》等一系列国家政策。

这些政策一方面总结了中国过去的发展经验，另一方面认清中国

---

① 袁江、张成思：《强制性技术变迁、不平衡增长与中国经济周期模型》，《经济研究》2009年第12期，第17—29页。

与国外先进技术的差距和未来的技术发展方向，在此基础上，来制定下一阶段的发展目标和规划。有计划的政策引导使得中国并不盲目追求国外技术，而是根据国情和目标，开展有计划的技术发展工作。由此，中国技术发展的思路变得十分理性和清晰，效率和成果十分显著。

第二节　偏向型技术进步影响就业极化的机制

在希克斯提出了技术的非中性之后，技术进步的偏向性得到了学界的一致认可。技术进步虽然能通过提高劳动生产率来替代部分就业，同时创造部分就业，但是对于具体技能劳动的影响，则是需要借助于技术进步的偏向性。正是技术进步的偏向性，使得不同技能的劳动就业比重发生了变化，从而引起了就业结构向极化方向发展。

具体而言，技术进步主要通过对设备资本和高技能劳动的互补以及中等技能劳动替代产生的偏向性共同影响了不同技能劳动的就业。首先，企业引进高技术设备，必须以资本投资的形式进行，企业在技术设备上的储备是其技术水平的重要体现，在提高技术水平时，资本设备也在增加，从而形成了资本偏向型技术进步。其次，技能劳动在适应和使用新技术和高技术时具有很强的学习能力，在技能劳动供给充足和利润的驱使下，企业会选择同时引进新技术和技能劳动，体现出技术进步与技能的互补性和非技能劳动的替代性，即技术进步的技能偏向型。最后，随着技术的发展以及技术设备成本的下降，一些简单和重复性劳动即常规性认识性任务可以由一些高技术水平的设备来完成，从而替代了从事此类劳动的中等技能劳动者，技术进步表现出对常规技能劳动的替代，即技术进步的常规偏向型。本节分别对技术进步的资本偏向型、技能偏向型和常规偏向型影响不同技能结构的过程进行分析，从而厘清偏向性技术进步影响就业极化的机制。

一　资本偏向型技术进步对各类技能劳动就业的影响

（一）技术进步资本偏向型的定义

技术进步以两种形态对要素边际产出产生影响。一是无偏性，即中性技术进步。技术进步以新知识、新思想、新工艺、新方法或新要素组合的方式，或借助专利技术和制度、研发投入和技术创新等方式来提高资本和劳动的生产率，称为中性技术进步或无偏性技术进步。中性技术进步同等比例地提高要素生产率。索洛余值所强调的就是中性技术进步。二是有偏性。希克斯在《工资理论》中指出，技术进步的偏向性是指受到某种生产要素相对价格提高的激发，技术进步会向节省该生产要素的技术创新方向发展，从而提高该要素的生产率，这种生产要素就是技术的偏向要素或技术进步的偏向性。

对技术进步偏向性的界定方法也有所不同。希克斯以不变的资本劳动比（K/L）为前提，指出如果资本劳动边际产出之比增大，技术进步表现为资本偏向型；如果资本劳动边际产出比减小，则技术进步表现为劳动偏向性；如果资本劳动边际产出之比不变，则技术进步为中性的。哈罗德假设资本产出比（K/Y）不变，认为如果资本边际产出增加，那么技术进步为资本偏向型的；如果资本边际产出减小，则技术进步为劳动偏向型的；如果资本边际产出不变，则技术进步为中性的。索洛给定劳动产出比（L/Y），如果劳动边际产出增加，技术进步为劳动偏向型的；如果劳动边际产出减小，技术进步为资本偏向型的；如果劳动边际产出不变，则技术进步为中性的。从三种定义中可以看出，希克斯的定义针对的是瞬间发生的技术变化，没有考虑要素供给的弹性，而哈罗德的定义适合长期和动态情形。由于资本产出在长期中是不变的，同时资本劳动比也具有可变化性，因此哈罗德的划分方法更符合现实。[①]

（二）资本体现式技术进步

除了以上两种技术进步与资本之间的偏向性关系，技术进步在某种程度上体现出资本的特性。由于技术进步分为以资本形式体现和非资本形式体现两种形态，因此技术进步分为资本体现式技术进步和非体现式技术进步。技术进步的资本特性是指，技术进步总是体现在资本品之中。[②] 技术进步以机器设备等物质资本投资为载体，借助于新产品、新设备等形式，改变了资本质量，并形成技术进步与资本品的

---

① 陆雪琴、章上峰：《技术进步偏向定义及其测度》，《数量经济技术经济研究》2013 年第 8 期，第 20—34 页。

② Solow, Robert M., *Investment and Technical Progress*, in K. Arrow, S. Karlin and P. Suppes, eds., *Mathematical Methods in the Social Sciences*, *Stanford*, CA: Stanford University Press, 1959.

耦合关系。这种特殊关系使技术进步促进了资本边际产出更快速增长。[①] 与内生经济增长模型假定技术进步和资本相互独立不同，体现式技术进步揭示了技术进步与资本之间的某种共性，两者在某些情况下是相等同的。体现式技术进步的存在表明技术进步在要素偏向性上主要以资本的形式或偏向于资本的形式发展。

技术进步的资本偏向型在欧美国家和中国均已得到证实。David 和 Klundert 对美国 1899—1960 年的资本劳动替代弹性和资本效率、劳动效率做了估计，发现这一时期美国技术进步偏向于资本。[②] Sato 和 Morita 也指出，1960—2004 年美国和日本的技术进步均偏向于资本。[③]

对中国而言，技术进步同样表现出资本偏向型。由于发展中国家可以以较低的成本使用发达国家的先进技术，使得发达国家研发的技术越来越偏向于资本，于是通过技术引进和模仿取得技术进步的发展中国家，技术进步也偏向于资本。[④] 研究指出，中国 1978—2005 年的整体技术进步表现出资本偏向型。[⑤] 1978—2010 年，中国大部分省份的技术进步呈现出资本偏向型，资本偏向型技术进步的趋势越来越明显。[⑥⑦] 同时，物质资本积累与技术进步的动态融合是经济增长的典型事实。[⑧⑨] 1981—2007 年，体现式技术进步对中国的贡献率为 10.6%。

---

① 王林辉、董直庆：《资本体现式技术进步、技术合意结构和我国生产率增长来源》，《数量经济技术经济研究》2012 年第 5 期，第 3—18 页。

② David, Paul A. and Klundert, Th. van de, "Biased Efficiency Growth and Capital - Labor Substitution in the U. S., 1899 - 1960", *The American Economic Review*, Vol. 55, No. 3, 1965, pp. 357 - 394.

③ Sato, Ryuzo and Morita Tamaki, "Quantity or Quality: The Impact of Labor - Saving Innovation on US and Japanese Growth Rates, 1960 - 2004", *Japanese Economic Review*, Vol. 60, No. 4, 2009, pp. 407 - 434.

④ Acemoglu Daron, and Zilibotti Fabrizio, "Productivity Differences", *The Quarterly Journal of Economics*, Vol. 116, No. 2, 2001, pp. 563 - 606.

⑤ 戴天仕、徐现祥：《中国的技术进步方向》，《世界经济》2010 年第 1 期，第 54—70 页。

⑥ 宋冬林、王林辉、董直庆：《资本体现式技术进步及其对经济增长的攻效率（1981—2007）》，《中国社会科学》2011 年第 2 期，第 91—106 页。

⑦ 陈晓玲、连玉君：《资本—劳动替代弹性与地区经济增长——德拉格兰德维尔假说的检验》，《经济学（季刊）》2012 年第 1 期，第 93—118 页。

⑧ 赵志耘、吕冰洋、郭庆旺、贾俊雪：《资本积累与技术进步的动态融合：中国经济增长的一个典型事实》，《经济研究》2007 年第 11 期，第 18—31 页。

⑨ 黄先海、刘毅群：《物化性技术进步与我国工业生产率增长》，《数量经济技术经济研究》2006 年第 4 期，第 52—60 页。

这些事实表明，技术进步的资本偏向型已经成为中国经济增长的重要动力。

（三）资本偏向型与劳动报酬

技术进步的资本偏向型也是劳动报酬下降的主因。当资本和劳动处于互补关系时，如果资本份额不断上升，那么在不考虑技术进步的情况下，劳动报酬会增加，然而由于技术进步偏向于资本，使资本份额在增加时降低了劳动报酬。①② 对中国而言，1989—2006 年，中国制造业的劳动密集型部门和资本密集型部门也均表现出资本偏向型，导致两部门劳动收入比重下降的主因是劳动节约型技术进步。③

二　技能偏向型技术进步对各类技能劳动就业的影响

（一）技能需求加速理论

在希克斯的技术进步偏向性理论背景下，与技术进步对资本的偏向性不同，Acemoglu 利用偏向性技术进步理论来分析技术进步对劳动的影响，从而提出了技能偏向型技术进步的概念。④

从 1970 年开始，美国出现了技能溢价上升的现象，即高收入和低收入群体的收入差距不断扩大。从当时的劳动供给和需求角度来看，大学生入学率在不断上升，引起技能劳动供给上升，按照供求理论，技能劳动价格及技能溢价下降。然而事实与之相反，技能溢价不升反降。唯一的解释就是技能需求以超过技能供给的速度增加，从而使得技能价格上升。这一过程被称为技能需求加速理论。技能需求加速理论影响技能溢价的过程如下。

假设市场是竞争性的，且所有劳动者为风险中性且收入最大化。设定非技能劳动和技能劳动数量为 $L(t)$ 和 $H(t)$ ，非技能劳动和技能劳动的生产率分别为 A_l 和 A_h ，工资水平分别为 ω_L 和 ω_H ，时间为 t。

---

① Acemoglu, Daron, "Directed Technical Change", *The Review of Economic Studies*, Vol. 69, No. 4, 2002, pp. 781 - 809.

② Acemoglu, Daron, "Labor - and Capital - Augmenting Technical Change", *Journal of the European Economic Association*, Vol. 1, No. 1, 2003, pp. 1 - 37.

③ 黄先海、徐圣:《中国劳动收入比重下降成因分析——基于劳动节约型技术进步的视角》,《经济研究》2009 年第 7 期，第 34—44 页。

④ Acemoglu, Daron, "Technical Change, Inequality, and the Labor Market", *Journal of Econmic Literature*, Vol. 40, No. 1, 2002, pp. 7 - 72.

建立 CES 函数：

$$Y(t) = [(A_1(t)L(t))^{\rho} + (A_h(t)H(t))^{\rho}]^{1/\rho} \tag{2-1}$$

可以得出技能劳动和非技能劳动之间的替代弹性恒为：

$\sigma \equiv 1/(1-\rho)$，当 $\sigma > 1$ 时，技能与非技能劳动之间是总的替代关系；当 $\sigma < 1$ 时，技能与非技能劳动之间呈现总的互补关系。

从（2－1）式中可以得出非技能劳动工资和技能劳动工资分别为：

$$\omega_L = \frac{\partial Y}{\partial L} = A_1{}^{\rho}\,[A_1{}^{\rho} + A_h{}^{\rho}\,(H/L)^{\rho}]^{(1-\rho)/\rho} \tag{2-2}$$

$$\omega_L = \frac{\partial Y}{\partial H} = A_h{}^{\rho}\,[A_1{}^{\rho}\,(H/L)^{-\rho} + A_h{}^{\rho}]^{(1-\rho)/\rho} \tag{2-3}$$

对（2－2）式和（2－3）式的 H/L 分别求偏导数，可得：

$$(\partial\omega_L)/\partial H/L > 0 \tag{2-4}$$

$$(\partial\omega_H)/\partial H/L < 0 \tag{2-5}$$

由（2－4）式可知，技能劳动的比重上升时，非技能劳动的工资会上升；由（2－5）式可知，技能劳动比重上升时，技能劳动的工资会下降。

根据（2－4）和（2－5）两式，可得技能和非技能劳动的工资溢价：

$$\omega = \frac{\omega_H}{\omega_L} = \left(\frac{A_h}{A_l}\right)^{\sigma(\sigma-1)}\left(\frac{H}{L}\right)^{-1/\sigma} \tag{2-6}$$

将（2－6）式取对数，可得：

$$\ln\omega = \frac{\sigma-1}{\sigma}\ln\left(\frac{A_h}{A_l}\right) - \frac{1}{\sigma}\ln\left(\frac{H}{L}\right) \tag{2-7}$$

对（2－7）式两边对 $\ln\left(\frac{H}{L}\right)$ 求导可得：

$$\frac{\partial\ln\omega}{\partial\ln H/L} = -\frac{1}{\sigma} < 0 \tag{2-8}$$

由（2－8）式可知，技能、非技能劳动之比与技能溢价成反比关系，即当技能非技能劳动比减少时，技能溢价上升；技能非技能劳动比增加时，技能溢价下降。

此时，H/L 的变化产生两种替代效应：第一，当技能劳动与非技能劳动同时生产一件产品且生产函数不同时，技能劳动者数量相对于非技能劳动者数量的增加会使得技能劳动替代非技能劳动；第二，当技能劳动与非技能劳动生产不同产品时，技能劳动的数量越大，消费者会选择越多的技能劳动产品来替代非技能劳动产品。这两种替代效应均导致技能劳动者相对工资下降。即不论是生产一种产品还是不同的产品，技能劳动与非技能劳动数量之比与技能溢价均成反比关系。

由于技能非技能劳动之比 H/L 与技能溢价 ω 的负向关系，曲线呈向下倾斜趋势。如图 2－6 所示，展示了两者之间的线性关系。当劳动之比由 H/L 增加到 H'/L' 时，技能溢价由 ω 下降到 ω'。现实中，技能溢价不降反增，在供给增加的情况下，技能需求曲线必定右移。需求曲线右移的变化量就为技能偏向型技术进步引起的变化量。

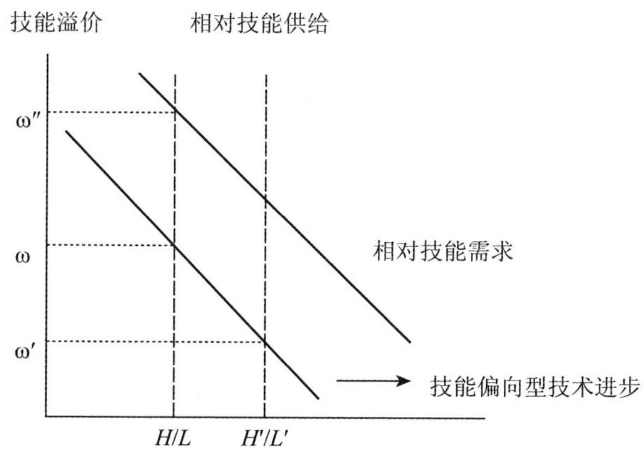

图 2－6 相对技能供给需求曲线

（二）技术革命、技能劳动供给与技能需求加速理论

社会整体技术进步水平和技能劳动供给是产生技能需求加速理论的两个重要前提条件。从 20 世纪 70 年代开始，以电脑为特征的第二次技术革命爆发，为生产和工作带来更高效的工具并提高了生产效率，尤其是对于使用电脑技术的劳动者。对于劳动者而言，技能劳动效率

提升，技能溢价上升①，从而促进更多技能劳动者进入大学学习，技能劳动供给进一步增加。技能劳动供给增加一方面为使用高技术产品提供了人力资本保障，另一方面降低了技能劳动的价格。

与19世纪的技术进步偏向性不同，20世纪的技术进步呈现技能偏向型。19世纪非技能劳动大量增加，此时的技术水平需要非技能劳动来使用这一时期的技术工具，非技能劳动的生产率取得了较大幅度提升，技术进步呈现非技能偏向型。20世纪的技术水平取得了较大发展，高技术产品对技能劳动的要求较高，形成了技术进步与技能劳动的互补关系。技术水平在过去几十年的发展中取得了巨大突破，从而促进了技术水平呈现爆发式增长。而那些技术水平较高的劳动者可以更容易地在使用不同技术水平的部门之间转换，而不用考虑部门对劳动者技能水平的要求。因此，对技能劳动者而言，面对技术水平快速发展时，更愿意接受和适应技术变革，也更易在工作中受到欢迎。

根据第一节的论述，电脑资产属于资本体现式技术进步，企业在选择加大技术升级时，必然带动电脑边际产出的增加，反过来进一步促进电脑技术提升，并对技能需求提出更高要求。由于技能劳动学习和适应新技术的能力较强，技能劳动的优势进一步凸显。

与发达国家类似，中国同样经历了技能偏向型技术进步。1978—2007年，中国技能需求增长显著，引起技能溢价上升。其中，中性、非中性和资本体现式技术进步均不同程度地表现出技能偏向型。资本体现式技术进步与技能需求的互补关系更明显，中国技术进步呈现出物化性和技能偏向型双重特征。②

（三）内生性技能偏向型技术进步

技能需求加速增长受到内生性技能偏向型技术进步的推动。内生性技能偏向型技术进步理论认为，技术进步的技能偏向型是技术进步的本质特征，受到利润动机和技术条件的影响。当劳动力市场上有大

① 公式（2－7）两边对 A_h/A_l 求偏导可得 $\frac{\partial \ln \omega}{\partial \ln(A_h/A_l)}=\frac{\sigma-1}{\sigma}$。根据 Freeman（1986）和 Angrist（1995）的研究，接受16年教育的劳动者和接受12年教育的劳动者的替代弹性 $\sigma>1$，可得上式大于零，从而得出技能劳动与非技能劳动生产率之比与技能溢价成正比关系。因此，当技能劳动的相对生产率上升时，技能溢价也上升。

② 宋冬林、王林辉、董直庆：《技能偏向型技术进步存在吗？——来自中国的经验证据》，《经济研究》2010年第5期，第68—81页。

量技能工人和成熟的技能互补型技术市场时，技术研发者将会获得更多收益，并促进技术研发者加大对技能互补型技术的研发投入力度。主要过程如下。

假设消费者的效用函数为 $Y = [Y_l^\rho + Y_h^\rho]^{1/\rho}$ ，$Y_h = N_h H$ 和 $Y_l = N_l L$ 分别为技能劳动生产函数（ N_h 为技能劳动使用的机器数量，N_l 为非技能劳动使用的机器数量），当技能偏向型技术进步存在即弹性 $\sigma > 1$ 时，N_h 相对于 N_l 增加。

根据消费者效用最大化原则，技能密集型产品的相对价格为 $p = \frac{p_h}{p_l} = \left[\frac{N_h H}{N_l L}\right]^{\rho-1}$ ，p_h 和 p_l 分别为商品 Y_h 和 Y_l 的价格。

对于生产这些技能密集型产品的利润最大化垄断者而言，第一次生产某产品会产生一定的成本，其他产品则成本为零。对于非技能劳动使用部门和技能劳动使用部门，购买技能密集型产品和非技能密集型产品的意愿为 $p_h H$ 和 $p_l L$ ，这两种意愿也是两类产品生产者获得的收益。

根据以上分析可知，技术创新的过程受到两种效应的影响。首先是价格效应。当某一个要素稀缺时，使用该类要素生产的产品的价格更高昂，技术产品生产者可以获得更高的收入，进一步加大该类技术研发，从而该类技术进步速度更快。由于20世纪七八十年代的稀缺要素是非技能劳动，这一时期的价格效应所生产的技术产品为非技能产品。其次是市场规模效应。某一个技术的使用者越多，市场规模越大，该类技术就会朝着使用者需求的方向发展，从而促进了该类技术的发展。由于20世纪七八十年代使用技术产品的技能劳动者较多，这一时期的市场规模效应所生产的技术产品为技能产品。

当两个部门的技术创新收益和成本相同时，技术创新停止，即 $p_h H / p_l L = 1$ 。根据 $p = \frac{p_h}{p_l} = \left[\frac{N_h H}{N_l L}\right]^{\rho-1}$ 和 $p_h H / p_l L = 1$ 可得：

$$\frac{N_h}{N_l} = \frac{A_h}{A_l} = \left(\frac{H}{L}\right)^{\rho/(1-\rho)} \tag{2-9}$$

当 $\rho > 0$ 时，技术产品与非技术产品是完全替代关系，市场规模效应大于价格效应，则技能劳动供给越大，技能偏向型技术进步发展越快。

从技能溢价的角度来看，根据（2－9）式和技能溢价公式可得：

$$\omega = \frac{p_h N_h}{p_l N_l} = \left(\frac{H}{L}\right)^{(2\rho-1)(1-\rho)} = \left(\frac{H}{L}\right)^{\sigma-2} \quad (2-10)$$

由（2－10）可知，当$\rho > 1/2$时，即替代弹性$\sigma > 2$时，技能溢价与技能供给为正向关系。由（2－9）式的结论可知，*H/L* 数值越大，技能偏向型技术进步发展越快，因此技能需求增长超过技能供给增长，技能溢价上升，这一结论符合（2－10）式中技能溢价与技能供给为正向关系的结论。

技能偏向型技术进步理论表明，技能偏向型是技术进步的本质属性。对技能溢价增长现象分析后发现，当技术水平成熟和技能劳动供给充足时，技术进步方向呈现出技能偏向型。进一步的技能偏向型技术进步的内生性特征表明，这种属性受到技术产品研发者自身利润最大化行为的驱动。在技能劳动和非技能劳动的供给条件下，借助于价格效应和市场规模效应，技术产品研发者根据市场需求进行技术研发和推广使用，从而促进了技能劳动需求和就业水平上升。①

（四）工作结构与企业搜寻成本

由内生性技能偏向型技术进步可知，企业在选择劳动力时会考虑成本和利益。从企业层面来看，由于技能和非技能劳动生产率的差异以及搜寻成本，企业会以较低的用人成本对内部工作结构进行调整，从而提高企业的生产率。企业主要通过区分设置技能岗位和非技能岗位的方式来节省成本和调整工作结构。

具体而言，首先将劳动市场劳动力分为技能和非技能两类。技能劳动生产率更高，非技能劳动力可以通过培训并获得与技能劳动相同的就业岗位。企业会根据自身需要来提供岗位并搜寻劳动者，从而决定对技能劳动的市场需求。对于技能、中等技能和非技能三类岗位而言，如果企业选择提供技能岗位，并选择搜寻技能劳动者以及非技能劳动者，企业最大程度上可以接受非技能劳动者完成中等技能岗位，使得招聘和搜寻成本很低。由于企业对技能和非技能劳动开放了所有岗位，两类技能劳动的就业机会很多，那么失业率就会很低。

---

① Acemoglu, Daron, "Technical Change, Inequality, and the Labor Market", *Journal of Economic Literature*, Vol. 40, No. 1, 2002, pp. 7－72.

然而，当技能劳动比例增加和技能劳动生产率提高时，由于技能劳动供给增加，企业搜寻技能劳动来岗位工作的成本下降，因此对企业而言，将原来的中等技能岗位转换成高技能岗位更利于节约成本和提高岗位生产率。那么，原来可以从事中等技能岗位的低技能劳动者就会面临失业，非技能劳动供给增加，用人成本下降，使得企业还会设立一些低技能岗位来招聘不能在中等技能岗位上找到工作的低技能劳动者，企业的这种行为节省了劳动成本。总体而言，由于技能劳动供给增多，技能劳动成本不高，故而企业会以较低的成本大幅度地增加技能岗位数量和招聘技能劳动，而设定的非技能岗位数量则相对较少。因此，企业区分技能岗位的行为使得技能劳动的就业水平上升，非技能劳动就业水平下降。①

（五）异质性劳动的两极分化

由于劳动市场上异质性劳动的技能差异以及工作的技能要求差异，内生化的技术进步的技能偏向型导致了就业市场的两极分化。技术进步的技能偏向型对技能劳动尤其是高技能劳动表现出很强的互补性，以及非技能劳动尤其是低技能劳动很强的替代性，即以能使用和适应计算机技术为代表的技能劳动和以手工业者为代表的非技能劳动在技术进步的冲击下，前者就业需求和工资水平不断上升，后者就业需求和工资水平不断下降。考虑到不同时代背景下教育水平的差异，第二次工业革命以来，大学教育逐渐普及，技能劳动供给增加，为技能偏向型技术进步提供了人力资本条件，通过价格效应和市场规模效应的作用，技能劳动结构开始出现两极分化。

技能偏向型技术进步理论简单地区分了技术进步的两种特性，即互补性和替代性，这种偏向性为技能劳动市场的进一步分化奠定了理论基础。然而，技能偏向型技术进步理论对技能结构的区分过于单一，尤其是对中等技能劳动的就业分析不充分。中等技能劳动的就业变化，主要是受到常规偏向型技术进步的影响，下文将做详细论述。

三　常规化假设对各类技能劳动就业的影响

由于技能偏向型技术进步只解释了技能劳动者尤其是高技能劳动

---

① Acemoglu，Daron，“Changes in Unemployment and Wage Inequality：An Alternative Theory and Some Evidence”，*Working Paper of Department of Economics*，No. 96－15，MIT，1996.

者就业上升，却没有解释清楚低技能劳动者就业上升以及中等技能劳动者就业下降。常规化假设给出了很好的解释。

（一）工作任务与计算机化

常规化假设认为，计算机化对不同类型工作任务从业者的就业产生的影响导致了中等技能劳动就业下降和高技能劳动就业上升。常规偏向型技术进步理论重点分析技术进步对中等技能劳动的替代性和高技能劳动的互补性。具体而言，将工作任务根据性质划分为抽象任务、常规任务和手工任务三类。在拥有较多常规性任务的职业和产业中，受到成本和生产率的影响，在计算机成本下降时企业会选择进行大量的计算机资本投资。由于计算机水平的提高，原本可以由人来完成的重复性任务，如会计、图书管理员、出纳员、电话接话员等常规性任务可以由计算机来完成。在价格下降和计算能力提升的条件下，计算机化替代从事常规性任务的劳动者。与此同时，使用计算机的高技能劳动者需要具备抽象思维能力、推理能力和管理协调能力，这些能力是计算机无法替代的，计算机的使用反而满足了这些高技能劳动者的抽象能力，从而使计算机与从事抽象任务的劳动者形成互补关系。① 由于抽象任务需要大学教育的高技能，常规性任务需要高中教育的中等技能，手工任务需要高中以下教育的低技能，因此计算机替代了中等技能劳动，同时互补了高技能劳动。②

（二）比较优势下的任务与技能匹配

高、中、低技能劳动的就业结构变化可以基于任务的技能分配模型进行系统分析。该模型认为，任务需求、技能、劳动供给之间存在着动态匹配关系，这种关系是引起就业极化、工资不平等的主要原因。

不同技能的劳动者会根据自身技能比较优势和任务的技能需求来选择和匹配工作。在不受其他因素的影响下，各类技能劳动就业受到的影响较小。然而任务需求会受到 IT 技术、工作组织形式的影响而发生变化，因此技能必须根据任务需求的变化来调整自身技能供给和任

① Autor David, Levy Frank, and Richard J. Murnane, "The Skill Content of Recent Technological Change: An Empirical Exploration", *Quarterly Journal of Economics*, Vol. 118, 2003, pp. 1279 - 1333.

② Autor David H., Katz Lawrence F., and Kearney Melissa S., "The Polarization of the U. S. Labor Market", *NBER Working Paper*, No. 11986, 2006.

务分配。在调整过程中，一些能被机器完成的任务则引起了机器替代相应的技能劳动，从而促使就业结构朝着就业极化和工资不平等的方向发生变化。

基于任务的模型假定一件产品由一系列任务共同完成，高、中、低技能劳动的生产率依次降低，非常规性抽象任务、常规性手工任务和常规性认知任务的复杂度以此下降。不同任务复杂度的任务对技能的要求有所不同。在均衡状态下，技能分配到任务的过程受到 I_L 和 I_H 两个阈值的影响。[①] 所有低于 I_L 的工作由低技能劳动者完成，高于 I_H 的工作由高技能劳动者完成，处于中间的任务由中等技能劳动者完成，这三类任务的技能需求分别对应于抽象能力、重复性特征和身体协调能力。当 I_L 增加时，低技能劳动从事的任务范围增加，相对工资也上升；当 I_H 下降时，高技能劳动的工资上升；当 $I_H - I_L$ 增加时，中等技能劳动的相对工资增加。如果此时高技能劳动供给增加，那么技术进步会使高技能劳动的生产率更高，从而使得 I_H 下降。同时，由于 $I_H - I_L$ 下降，使得中等技能劳动者数量下降，从而出现过量供给，使得企业将低技能劳动者从事的任务提供给过剩的中等技能劳动者，实现了低技能劳动就业上升。[②]

（三）服务业与消费者偏好

低技能劳动就业上升受到服务业就业上升的直接影响。由常规化假设可知，计算机化替代了从事常规性任务的中等技能劳动，使得中等技能劳动工资下降，其中失业的中等技能劳动会将劳动供给转移到依靠灵活性、忍耐力的工作。当服务业的产出之间不是完全替代关系时，信息技术对常规性任务的替代会使得低技能服务业就业和工资均上升。[③]

---

① I_L 是指低技能劳动者从事的职业对技能的要求，I_M 和 I_H 分别对应中等技能和高技能劳动者。文中假设：$0 < I_L < I_H < 1$。

② Aemoglu Daron and Autor David, "Skills, Tasks and Tecnologies: Implications for Employment and Earnings", *NBER Working Paper*, No. 16082, 2010.

③ Autor David H. and Dorn David, "The Growth of Low - Skill Service Jobs and the Polarization of the US Labor Market", *American Economic Review*, Vol. 103, No. 5, 2013, pp. 1553 - 1597.

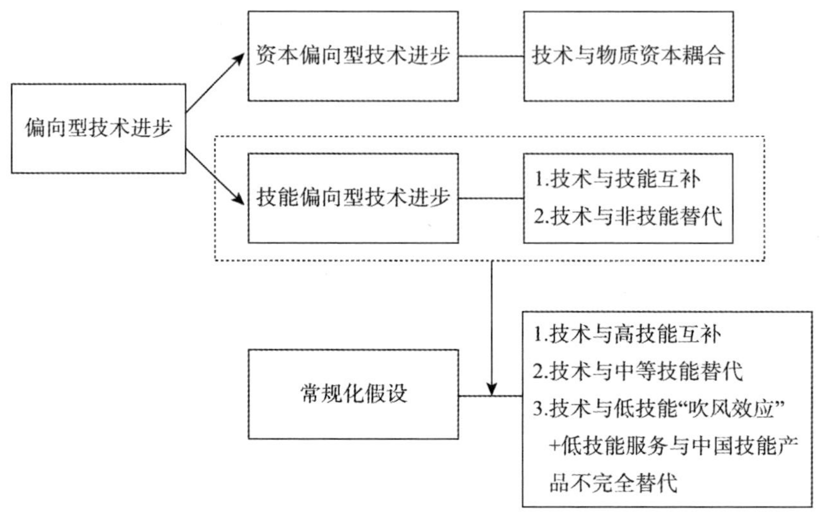

图2－7 偏向型技术进步对就业极化的影响机制

消费者对产品和服务的偏好使得产品和服务存在替代和互补关系。对于由技术替代劳动来从事的任务，技术进步会提高其劳动生产率，降低其成本，从而使得常规性工作任务的实物产出增加。如果消费者认为中等技能劳动提供的实物产品和低技能劳动提供的服务不完全替代关系或互补关系，由于实物产出增加，低技能提高的服务业增加，更多低技能劳动者被吸纳到服务业就业，低技能服务业就业上升。如果消费者认为实物产品和服务之间存在完全替代关系，那么劳动生产率带动实物产出增加时，服务的产出就会下降，从而使更少人从事服务业。由于服务业就业的上升，从而可知常规性任务提供的实物产品和低技能劳动提供的服务之间是不完全替代关系。[①]

第三节 中国偏向型技术进步的就业效应

偏向型技术进步对劳动供给和需求的影响导致了技能就业结构的变化。在劳动力供给方面，技术进步通过促进教育提升了各类技能劳

① Autor David H. and David Dorn，“Inequality and Specialization：The Growth of Low－Skill Service Jobs in the United States”，*IZA Discussion Paper*，No. 4290，2009.

动的数量，尤其是高技能劳动的数量；技术进步促进了产业升级，在影响了劳动生产率后，技术进步推动各类技能劳动依据自身技能水平在不同产业间流动，形成了结构稳定的就业市场；技术进步还促进了人口数量稳定增长，为经济体系和就业结构的稳定提供了人口数量保障。由于存在技能偏向型，技术进步在促进劳动力供给增长和技能结构转型升级时，体现出技能劳动的互补性和非技能劳动的替代性。

一　技术进步与劳动技能供给

（一）技术进步促进了教育发展

技术进步丰富了教育资源。大量的信息、图片、视频传到网络上，图书、论文上传到网络上。谷歌在2002年开始的图书扫描计划中，共计将2500万本书籍扫描进谷歌建立的图书馆，这极大地丰富了网络学习资源。网络课堂给没办法在校园接受高等教育的劳动者提供了丰富多彩的课程信息。海量的新闻信息、自媒体、电子书等同样是巨大的知识宝库。

技术进步也改变了知识传播方式。传统教育模式下，知识主要通过课堂和面对面交流的方式来传授，而网络信息技术的出现丰富了知识传播方式。借助于网络的便捷性和移动性，网络教育逐渐兴起，网络资源十分丰富，使得知识传播的方式变成面对点的互动式学习。以网络课堂为例，既包括免费的学习资源可汗学院，也包括一些付费的学习网站coursera，世界名校向世界免费开放的公开课，吸引了全球学习者的目光。网络课堂突破了学习的地理限制和时间限制，大大降低了学习成本，让学习者可以随时随地学习到世界任何国家的知识和课程。这种方式让学习者感受到了学习的乐趣，也让知识传播到了世界各地。

技术进步通过改善教育工具提高了劳动生产率。在计算机没有发明之前，纸和笔是最简单的教学工具。随着技术提高，理工类专业的教学工具发生了翻天覆地的变化。显微镜的发明让生物学的研究和教学向前迈进了一大步，以微软开发的办公软件office为例，在计算机技术普及的基础上，软件的开发和使用使教学和办公效率大幅度提升，节约了工作学习时间。对于信息搜集来说，谷歌学术、Sci－Hub、ELSEVIER等免费和收费的学术搜索平台，利用先进的算法，让沉浸的海量知识重新被发现，极大地节约了信息搜集时间，促进了科研和教育的快速发展。总之，技术进步让原来烦琐的学习过程细分化，将一些重复性的工作交由计算机来完成，将人从枯燥的低效率工作中解脱出来，让劳动者发挥特长，有更多时间从事抽象思考和逻辑推理相关的工作，这种分工提高了各类技能学习者的效率和教育质量发展。

教育是人力资本积累的关键。教育的发展给各种学习能力下的学习者提高技能提供了绝佳的学习渠道，为大众提供了相对平等的接受良好教育的机会，从而为市场培养了不同技能水平的劳动者。教育方式的转变让原来不能上大专或大学的劳动者有了提升技能的机会，并通过自己的努力获得更高的技能，从而实现职业的转变。同样，对于学习能力较低的低技能劳动者，教育的发展让他们有机会通过技能培训、网络学习实现由低技能向中等技能的提升，甚至向高技能转变。大众化教育为市场建立了技能层次分明的人力资本储备体系，在技术进步的推动下，各类技能劳动主动或被动地就业，就业结构在技能结构的基础上得以建立，也在技术与技能结构的相互关系中影响了就业结构。

教育在技能劳动就业比重增加上发挥了促进作用。教育培养了大量具有较高技能的劳动者，为企业在引进新技术时提供了人力资本保障。由于技术进步存在技能偏向型，技能劳动生产率提高，技能溢价上升，促使教育提高技能劳动供给速度和数量。

然而，教育在提高了高技能劳动供给的同时，也在加剧教育的不均等。尽管教育降低了低技能劳动学习的成本，但是由于能力所限，低技能劳动者接受高等教育的机会微乎其微，低技能劳动者在能力提升方面就会受到限制。对于贫困地区的儿童而言，受到良好教育的机会都十分艰难，更何况已经过了黄金学习年龄的低技能劳动者。教育不均等主要体现在几个方面：一是教育资源的可获得性。尽管网络上有丰富的教育资源，但是这些资源在一些网络不发达的偏远地区很难获取。二是教师水平参差不齐。对于一些学习能力较低的劳动者，一些难题无法得到及时有效的回答，只通过网络学习势必带来效率不高的问题。

因此，教育资源的丰富和教育方式的改善最大的受益者是学习能力较强的高技能劳动者，那些学习能力较低的中低技能劳动者虽然会受益于教育发展，但是相比于高技能劳动者，中低技能劳动者不得不面对技能提升缓慢或停滞不前的局面。当工作岗位使用更多技术且对技能的要求越高时，只有面临被技术淘汰的风险。高技能劳动者却由于有学习能力和良好的教育资源，就业水平不断上升；中等技能劳动者则需要付出较大的努力，还有转向高技能的可能；而低技能直接转向高技能则十分困难，那些技能被技术所淘汰的中等技能劳动者则只能选择从事低技能劳动，从而带动低技能劳动就业水平上升。

（二）技术进步促进了劳动力流动

在《二元经济论》一书中，刘易斯就在二元经济结构理论中提出了劳动力流动的观点，认为技术进步带来的劳动生产率提高，是促进劳动力流动的关键因素。二元经济结构理论指出，发展中国家存在着传统的自给自足的农业经济体系和城市现代化工业体系。由于传统农业部门人口过剩，土地数量较少，技术落后，农业劳动生产率很低。由于技术差异，劳动边际产出为零的农业劳动力转向工业部门，提高了转移人口的劳动生产率。当过多的农村劳动力转移到工业，使得农产品供给下降，而价格上涨，增加了工业生产成本，因此，需要通过提高农业劳动生产率来实现增加农业产品供给和降低价格。当农村的过剩劳动力已经转移完成，由于工业的进一步发展需要更多的农村转移劳动力，因此还需要进一步提高农业劳动生产率，从而工业开始反哺农业，实现农业现代化发展。[①][②] 当农业劳动力就业比重大幅下降，工业劳动力就业比重上升时，二元经济结构消失，劳动力技能也实现了从低技能向中等和高技能的转变。

产业技术水平差异带来的劳动生产率差异是推动劳动力由低技能职业向中高技能职业转变的关键力量。在劳动力流动的过程中的成功就业者和失业者，既包括由低技能职业向中等技能职业转变成功以及被技术所淘汰的劳动力，也包括中等技能劳动力向高技能职业流动时成功转变职业和被淘汰的劳动力。被淘汰的劳动者则是工作对技能要求较高，成功转变职业的劳动者则是通过技能学习和培训掌握了更高

① Lewis, W. A., "Economic Development with Unlimited Supply of Labor", *The Manchester Schoool of Economic and Social Studies*, Vol. 22, 1954, pp. 139 - 191.

② Fei, J. C. H. and Ranis, G., "Development of The Labor Suplus Economy: Theory and Policy", Richard D. Irwin, Homewood, IL, 1964.

的技能的人，他们同时具有较高的学习和适应新技术的能力，从而实现了由中低技能职业向高技能职业的流动。

（三）技术进步促进了人口增长

技术进步不断改善医疗卫生条件，大幅度降低人口死亡率，确保了劳动力供给的稳定。由于人力资本包括体力、智力、技能、知识等方面的内容，因此除了技能之外，身体健康不仅是确保人口数量的关键，也是人力资本积累的基础。营养和健康是影响农村劳动生产率的重要因素，其中营养摄入和疾病的影响最为显著。[①]

医疗卫生技术的提高主要体现在以下几个方面。首先，以抗生素为代表的各类治疗传染性疾病的药物问世后，极大地降低了因细菌和病毒感染而死亡的人口数量，减少了突发性疾病的大量死亡的现象。肺结核病曾经很长时间对易感人群而言是噩梦，医疗技术取得突破后，肺结核病成为常见病；疟疾是非洲致死率最高的疾病之一，屠呦呦团队研发的青蒿素拯救了数百万的病人。其次，健康环境不断得到改善。医生培训体系的建立使得医疗机构的成立成为可能，同时大量建立的医疗卫生中心大力宣传健康知识，增强了民众的健康意识。最后，技术水平的进步使得健康生活条件得到满足，马桶和厕所的使用让疾病传染降低，肥皂、消毒液的发明都不同程度地提高了人们的生活健康水平。

技术进步还使得人类赖以生存的粮食产量稳定增长，满足了人类基本的生存条件。借助于机械化生产设备，农业实现了现代化生产，在高效的管理和运营理念下，粮食产量保持稳定。先进的种子技术提升了粮食产量、粮食种类增多、抗病虫害的能力增强。粮食储存技术让粮食可以远距离运输、长时间贮存。这些技术是人类粮食安全的保障，从而促进人类稳定发展。

技术进步还提高了人类生活水平。良好的生育环境和技术降低了人类生育死亡率；产业发展和升级促进了经济水平的提升，人类的衣、食、住、行均能得到较好的满足，物质生活更加丰富；根据马斯洛需求曲线，在基本生存需求得到满足后，精神满足也是保障人类生存的

① 张车伟：《营养、健康与效率——来自中国贫困农村的证据》，《经济研究》2002 年第 1 期，第 3—12 页。

重要需求。种类多样的文化娱乐方式成为人类的精神食粮，不仅可以愉悦身心，还可以减少烦恼；技术进步让技能水平较高的人从低技能工作中解放出来，更好地发挥其价值，整个社会在此基础上实现了更高效的运转，各类技能均可以实现其自身价值的最大化，自食其力者均能实现生活条件的改善。

二　技术进步与劳动需求结构

（一）技术创新提高了企业的劳动生产率

创新是促进技术进步的核心动力。熊彼特指出，创新是从企业内部不断革新经济结构、破坏原有的结构、形成新结构的创造性破坏过程。创新是技术在最新科技水平下的技术突破，代表了最先进的技术。这些技术创新的出现，都是为了解决当时社会上的生产问题。根据经济增长模型，资本、劳动、土地和技术进步是经济增长的最基本生产要素，其中劳动与技术进步的联系最为密切。技术进步总是向节约劳动投入、提高劳动生产率的方向发展。瓦特的创新使得蒸汽机成为第一次工业革命时期最先进的机器，节省了蒸汽机出现之前大量的简单劳动，因此还出现了“勒德分子”。第二次工业革命的出现以晶体管和芯片的研发为特征，计算机技术以更快、更高效的方式彻底改变了人类工作、生活方式。企业办公使用微软的办公软件，计算机的运算能力使会计、经济统计成为可能，办公自动化将简单、枯燥的计算工作交给了计算机，从而释放了大量劳动时间。人们在生活中使用手机，降低了沟通成本，缩短了空间距离，让过去点对点的沟通变成了点对面的联系，即时通信最重要的贡献是提高了沟通效率。

企业生产率的提高对相关工作的劳动力技能提出了更高要求。在劳动成本较低的情况下，企业会选择劳动力来完成一定工作。随着计算机技术的成熟和价格下降，劳动价格变得失去了优势。由于劳动技能短期来看保持不变，与快速进步的计算机技术相比，劳动将受到计算机的冲击，相应工作将交由计算机来完成，大量低于计算机能力的劳动力将失业，企业在解雇低技能劳动力时，还会雇用大量会使用计算机的技能劳动者。因此，企业在对工作进行技术升级的过程提高了劳动生产率，从而使得各类技能水平下的劳动就业结构产生了调整，高技能劳动就业增长，中等技能劳动就业下降。

（二）技术进步优化了企业的技能结构

不同产业内的企业由于从事的行业技术特征差异，不同行业的企业内部技能结构也有差异，偏向型技术进步在促进企业技术升级和劳动力结构转型过程中，企业技能结构也具有了行业特征。

技术进步总是在对技术产业的催生和对非技术行业的淘汰。首先，对于技术产业而言，从技术与技能的角度来划分，相关企业可以分为三类：第一类是所在行业的生产技术要求很高，对技能要求不高；第二类是所在行业生产技术要求很高，同时对技能要求也很高；第三类是所在行业生产技术要求不高，但是对技能要求很高。对于第一类企业以高新技术企业为代表。这类企业不仅需要引进和研发生产设备和工具，还要求操作人员具有熟练的操作能力，借助于这类生产工具，从业人员创造出具有高技术含量的产品。以互联网企业为例，不仅需要大量高技能人员开发企业自有的平台，还需要借助高科技在此平台上开展商业行为。阿里巴巴企业在搭建了淘宝、天猫等购物平台后，通过大数据、云计算等技术不断挖掘客户需求，促进平台上的产品销售。这类企业的高技能劳动所占比重最大。第二类企业以制造业为代表，企业生产技术很高，但是对技能要求不算高。制造业通过引进大量生产设备，形成流水线生产，大量核心生产均由机器完成，少量非技术含量的工作只需要由技能不高的劳动力完成即可，如富士康企业从事的组装业务，就需要大量中低技能劳动力。第三类企业以教育代表。教育行业不需要高技术含量的生产设备，只需要教授者拥有较高的知识储备、逻辑思维、语言表达能力、推理能力等。不论从技术还是技能上，偏向型技术进步都在促进能够使用高技术工具以及具有较高逻辑思维能力和学习能力的劳动者。

（三）偏向型技术进步催生更多岗位需求

不仅企业技术要求对劳动技能提出选择，不同技能劳动进入相关企业后，企业的技术升级和淘汰升迁等机制也在培养和提高劳动技能。然而，那些不能跟随企业技术升级的劳动则被技术所淘汰。

随着技术的提高，企业对高技能劳动的需求也越来越高。对于原来不需要较高技能的岗位，为了实现更高的增长，企业也开始雇用更多技能劳动者从事高技术工作，或者直接将相关服务业外包给相关企业。对于零售行业而言，为了能更好地增加企业收入，企业借助于大数据、人脸识别技术来追踪消费者关注点和购物路线来实现更高的收入，并将这些技术服务外包给技术企业来完成，从而促进技术服务外包企业的发展。对于农业而言，无人机监测和喷洒农药也已成为现实，促进了无人机生产和配套的定制服务发展，创造了新的岗位和需求。

三　技能偏向型技术进步与技能溢价

技术进步的技能偏向型特征不仅促进了技能劳动需求增加，也提高了技能劳动的供给，即技术进步对技能劳动存在互补效应，对中等技能劳动存在替代效应，对低技能劳动则产生了“吹风效应”。然而，在高等教育扩招和农业劳动力转移的背景下，技能劳动供给、非技能劳动的供给与技能溢价均发生了变化。

首先，技能偏向型技术进步会增加技能劳动需求而提高技能劳动价格，但是高等教育扩招则会抑制技能劳动价格。[①] 随着中国 1999 年高等教育扩招政策的实施，技能劳动供给开始增加。1981 年中国的高校毕业生为 14 万人，1999 年高校毕业生为 85 万人，17 年间增长了 5 倍，到了 2010 年增加到 575 万人，1999—2010 年 11 年间增加了近 6 倍，而到了 2018 年，高校毕业生人数增长到 736 万人，从 1999 年开始增加了近 8 倍。[②] 教育供给增加一方面是政策的推动作用，另一方面也是市场需求不断增加的结果。

尽管如此，由于技能偏向型技术进步的存在，技能劳动的就业不断上升。从第一章中就业人员的受教育结构来看，技能劳动所占的比重不断上升，中低技能劳动所占比重不断下降，这表明中国技能结构随着教育供给增加不断升级，高等教育扩招政策为社会提供了大量劳动力。同时，由于技能供给增加必然降低技能劳动，因此技能劳动供给增加必然抑制技能溢价。由于中国经济水平和技术水平发展迅速，技能偏向型技术进步带动的技能劳动需求上升超过了高等教育扩招所带来的技能拉动供给，因此技能溢价在中国总体上呈上升态势。

其次，以低技能劳动力为代表的农村劳动力转移提高了中低技能

① 董直庆、王芳玲、高庆昆：《技能溢价源于技术进步偏向性吗?》，《统计研究》2013 年第 6 期，第 37—44 页。

② 数据来源：历年《中国统计年鉴》。

劳动力供给。数据显示，2017 年外出农民工为 1.7185 亿人，占当年乡村总人口的 29.8%。[①] 同时，如图 2 - 8 所示，乡村人口占总人口的比重逐年降低，农村劳动力不仅在城市工作，还有部分留在了城市。大量的农村劳动力为城市的产业发展提供了充足的中低技能劳动力供给。

农村转移劳动力有一部分从事中等技能职业，有一部分从事低技能职业。从中低技能行业从业人员的学历可以看出，高中及以下的学历劳动首选行业也是中低技能行业。然而，随着技术水平的提高，农村劳动力也面临失业的风险。一方面，农村劳动力从事简单重复的劳动，随着技术的发展，一些机器在成本、错误率和劳动时间上都优于劳动力。随着企业引进技术和提高劳动生产率，大量的简单重复劳动由机器来完成，农村劳动力从而面临失业。另一部分低技能劳动力则由于学历水平过低，只能从事体力劳动，如保姆、保安、清洁员、建筑工人、快递员等，一方面由于技术还没有达到可以用技术来替代他们的水平，另一方面可用的技术成本还远高于劳动力，因此低技能劳动者很长一段时间都不会面临被替代的风险。

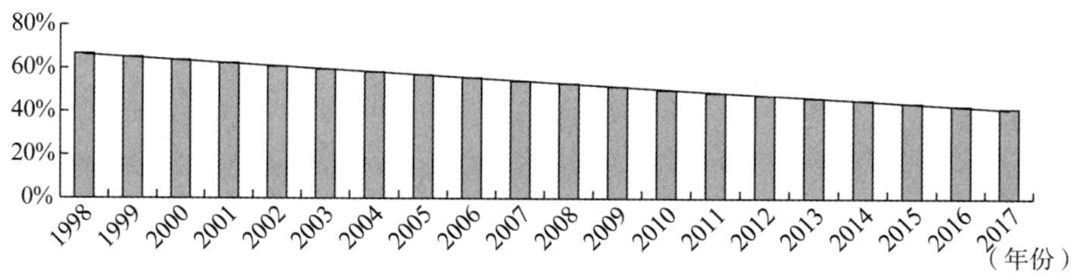

图 2 - 8　乡村人口占总人口的比重（1998—2017 年）[②]

在职业特征和技术水平的双重作用下，被替代的中等技能劳动力在没有实现向更高技能职业转变时，不得不选择在低技能职业中就业，这种“吹风效应”在很大程度上解决了城市劳动力失业问题。另外，由于低技能劳动提供的服务产品无法被其他技能劳动产品替代，市场

① 数据来源：《2017 年农民工监测调查报告》，2018 年 4 月 27 日，国家统计局网站（http://www.stats.gov.cn/tjsj/zxfb/201804/t20180427_1596389.html），2018 年《中国统计年鉴》。

② 数据来源：历年《中国统计年鉴》。

需求不降反增，工资水平也在上升，从而吸引了更多中低劳动力选择在低技能职业中就业。中国就业市场出现的大学毕业生和农民工工资趋同的现象表明市场对低技能劳动需求不断上升。数据显示，大学毕业生起薪从 2002 年开始不断下降，从 2046 元下降到 2005 年的 1588 元，而农民工工资则从 2004 年的 770 元上升到 2007 年的 1058 元。[①]这些数据从侧面反映出，在农村劳动力供给增加时，低技能劳动需求和收入不断上升。

因此，受到技能偏向型技术进步的影响，中国技能溢价呈上升态势。技能偏向型技术进步在加速技能需求的同时，也在提高技能劳动收入，在中低技能劳动生产率增长相对较慢的情况下，高技能劳动和低技能劳动的工资差距不断拉大。

① 吴可明、王平杰：《大学毕业生与农民工工资趋同的经济学分析》，《中国人口科学》2010 年第 3 期，第 67—76 页。

第三章

国际贸易对就业极化的影响

改革开放以前，中国是一个相对封闭的国家；改革开放之后，中国的国际贸易开放程度逐步提高。自 2001 年加入世界贸易组织后，中国的开放程度和国际贸易发展不断加快。

国际贸易给中国企业发展提供了良好机遇。中国企业在改革开放之初经济基础薄弱，企业必须借助引进大量外资和技术设备的方式来建立企业的技术基础。与此同时，企业还需要大量招聘能够学习和使用这些国外较先进技术设备的劳动者。大量拥有高技能的劳动者在一些使用外国设备和技术企业中拥有了用武之地，收入也随之提高。而那些没有很高技能水平的劳动者仍然从事农业和低端制造业，与技能劳动者的收入逐渐拉开差距。

作为发展中国家，通过引进国外先进技术设备加以模仿学习，来发展本国技术，缩小了与发达国家的技术差距。这种技术发展之路决定了中国技术进步的方向将是资本偏向型的，即借助于物质资本，技术进步以资本的形式得以体现，并不断提高资本在要素收入分配中所占的比重。

另外，随着国际贸易总量和贸易内容的丰富，中间品贸易逐渐成为国际贸易的主流。发展中国家通过离岸外包的形式与发达国家之间开展贸易。发达国家将高技术产品出售给发展中国家，发展中国家将中低技术产品销售到发达国家。由于技术所具有的技能偏向型特征，从而使得国际贸易通过中间品贸易的方式引起了发展中国家的技能偏向型技术进步，进而促进了发展中国家就业极化的产生。本章首先对中国国际贸易的基本事实进行介绍，其次对国际贸易影响就业极化的理论机制进行分析，最后分析国际贸易在中国产生的就业效应，揭示国际贸易影响中国就业极化的表现与影响路径。

第一节　中国国际贸易发展的基本现实

改革开放以来，中国不断扩大对外开放力度，通过国际贸易和国际直接投资的形式，中国与国际市场的交往逐渐频繁。在国际贸易的带动下，中国经济实现了加速增长。尤其在中国加入世界贸易组织之后，国际贸易为中国各项经济发展提供了良好的外部条件。一方面，国际贸易和国际直接投资为中国经济发展提供了大量高技术含量的产品以及技术转移，奠定了中国科技发展和产业结构升级的基础；另一方面，国际贸易和国际直接投资的高标准对中国本土企业的竞争力提出了挑战，在这种环境下，中国企业不仅经受住了国际竞争，也逐渐走向世界。本节通过对中国国际贸易发展的现状、阶段和特征进行梳理，总结中国国际贸易发展的规律，为进一步考察中国国际贸易影响就业极化的过程提供现实基础。

一　国际贸易的发展现状

（一）贸易总量快速增长

从货物贸易来看，如图 3 - 1 所示，从改革开放尤其是 1990 年以来，中国货物贸易进出口总额呈现快速增长态势。改革开放以来，中国经济逐渐由封闭向开放转变，开放型经济的显著特征是国际贸易活动频繁，对中国而言，2001 年加入世贸组织对中国国际贸易的促进作用十分显著。数据显示，1990 年的进出口总额为 5560. 12 亿元，2000 年进出口总额增加到 39273. 25 亿元，增长了 6 倍，年均增长超过 64%；2001 年进出口总额为 42183. 62 亿元，2017 年为 278101 亿元，16 年间共增长了 5 倍，年均增长超过 47%。受到 2008 年国际金融危机的影响，全球贸易总量出现了下滑，尽管如此，中国依然保持了较高的进出口总额和稳定的贸易增速。

从货物贸易进口额和出口额来看，进口额与出口额的增速变化与进出口总额类似。总体上，除 1993 年个别年份外，中国出口额长期高于进口额。1993 年中国进出口差额为 - 701. 4 亿元，其他年份的进出口差额也呈现逐年上升趋势。1994 年进出口差额为 461. 78 亿元，2015

年这一数值达到368830.73亿元，12年间增长了近798倍，2016年和2017年开始下降。进出口差额不断增加与中国出口导向型发展战略有直接关系。技术水平低以及大量的廉价劳动力使中国优先发展劳动密集型产业，这种发展战略使中国在国际分工产业链中处于中低端位置，并作为世界工厂长期从事加工贸易。

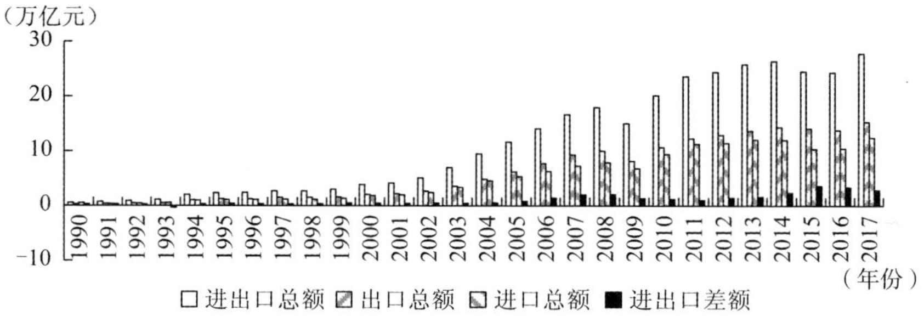

图3-1　中国货物进出口贸易额（1990—2017年）①

从服务贸易来看，如图3-2所示，中国服务贸易增速也十分明显。1982—1989年，中国服务贸易总额增长较缓慢，然而从1990年开始，中国服务进出口额呈现快速增长态势。1990年中国服务进出口总额为124亿元，到了2000年这一数值增长到712亿元，年均增长30%。从2001年开始，中国服务贸易增速再次加快，2001年到2017年，中国服务贸易总额从784亿元增长到6957亿元，增长了近8倍，年均增长52%。与货物贸易相比，从2001年开始，服务贸易增速显著快于货物贸易增长，相对于货物贸易，服务贸易受到金融危机的影响较小。主要原因是中国服务进口增速显著快于服务出口增速。2008年到2017年，服务出口仅增长了40%，而服务进口则增长了194%，服务进口增速的增长是金融危机后服务贸易总额保持较快增速的主要原因。

① 数据来源：历年《中国统计年鉴》。

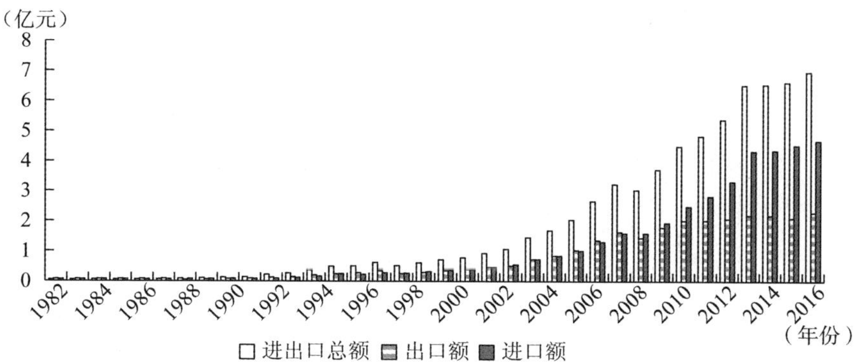

图3-2　中国服务贸易进出口额（1982—2016年）①

从出口额占国内生产总值的比重来看，如图3-3所示，中国出口额占GDP的比重整体上呈现先上升后下降的趋势。1980—2006年，这一比值逐渐上升。1980年出口额占GDP的比重为5.9%，2006年为35.4%，这是中国出口导向的战略产生的结果。从2007年开始，这一比值逐年下降。从35.4%下降到2017年的18.5%，这表明中国经历了进出口结构优化过程，中国正在降低出口贸易对国内经济的带动作用。

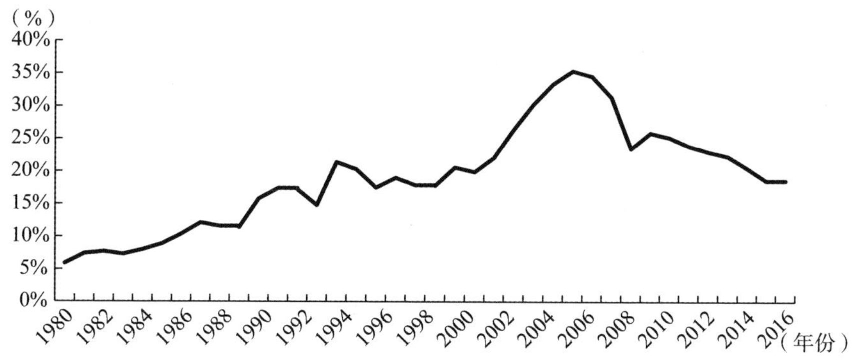

图3-3　中国出口额占GDP的比重（1980—2017年）②

① 数据来源：历年《中国统计年鉴》。

② 数据来源：历年《中国贸易外经统计年鉴》。

（二）国际贸易结构趋于稳定

如图 3 –4 所示，2004—2016 年，中国工业制成品和初级产品贸易比重逐渐稳定，工业制成品的比重稳定在 85% 左右，初级产品比重则稳定在 15% 左右，贸易产品中，高技术产品比重稳定在 30% 左右。从三类产品所占的进口额比重来看，如图 3 –5 所示，工业制成品占进口贸易比重稳中有小幅度下降，基本保持在 45% 以上，而初级产品的进口比重则有小幅度上升，从 2004 年的 20.9% 上升到 2016 年的 27.7%，而高技术产品的进口比重稳定在 30% 左右；从三类产品所占的出口额比重来看，如图 3 –6 所示，工业制成品、初级产品和高技术产品所占出口额比重分别稳定在 95%、5% 和 28%。

从进出口差额来看，中国工业制成品进出口贸易差额逐年上升，且常年保持较大的贸易顺差，表明中国已经成为工业大国，开始大量出口工业产品；初级产品进出口贸易差额降中有升，但是差额长期处于逆差，表明中国在快速发展过程中对初级产品的需求巨大；高技术产品进出口差额基本保持稳定，与工业制成品相比相差较大。

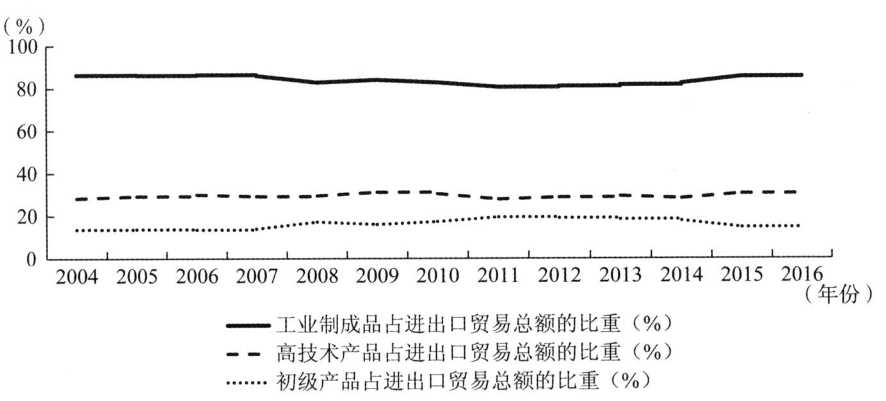

图 3 –4 中国三类贸易产品分别占进出口贸易总额的比重（2004—2016 年）①

① 数据来源：历年《中国统计年鉴》。

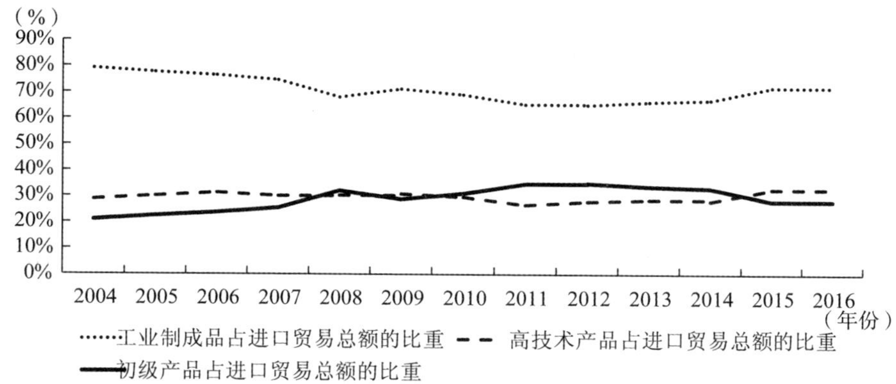

图3-5 中国三类贸易产品占进口贸易总额的比重(2004—2016年)①

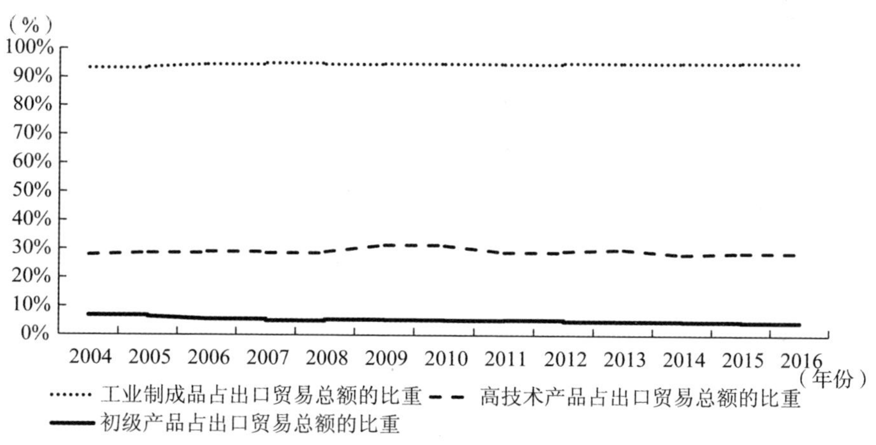

图3-6 中国三类贸易产品占进口贸易总额的比重(2004—2016)②

(三)国际直接投资逐年攀升

从外商直接投资额来看，中国实际利用外商直接投资额逐年攀升。如图3-7所示，中国实际利用外商直接投资额从1990年的34.87亿美元上升到2017年的1310.35亿美元，增长了近37倍，年均增长134%，增长迅速。从对外投资额来看（图3-8），中国对外投资额不断上升，从2007年的265亿美元上升到2016年的1961.5亿美元，增长了6.4倍，年均增长74%，仍然保持较快增长速度。从2017年开

① 数据来源：历年《中国统计年鉴》。

② 同上。

始，该数值大幅度下降至 1583 亿美元。总体来看，外商直接投资额和对外直接投资额均呈现大幅上升和快速增长。

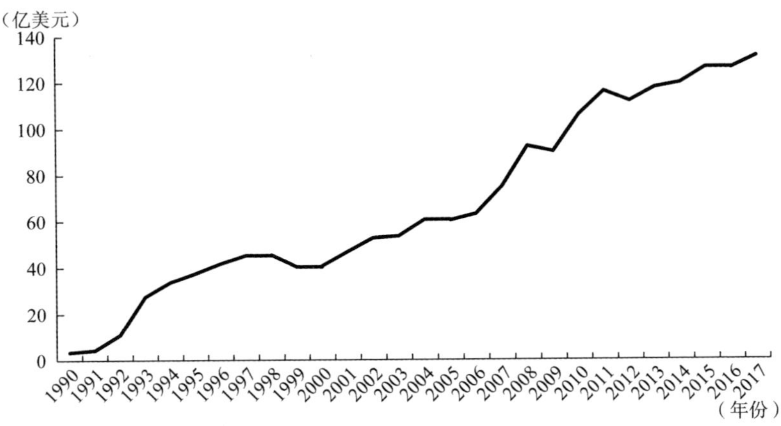

图 3－7　中国实际利用外商直接投资额（1990—2017 年）①

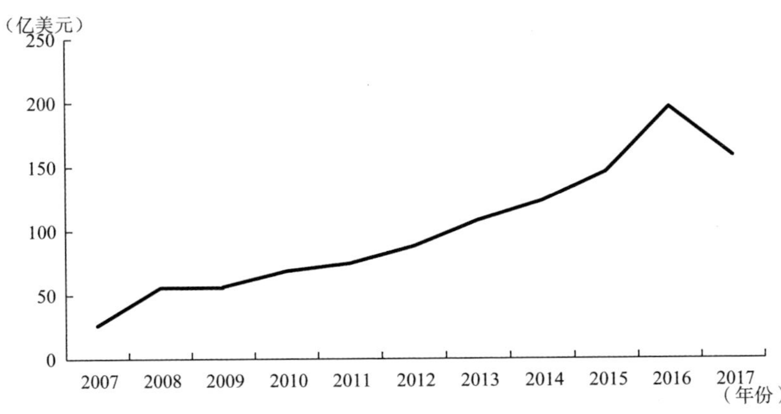

图 3－8　中国对外直接投资额（2007—2017 年）②

二　国际贸易的发展阶段

中国国际贸易的发展随着制度的转变逐渐发展和壮大起来。因此，

① 数据来源：历年《中国统计年鉴》。

② 同上。

从中国贸易制度发展的角度来分析国际贸易的发展阶段比较符合中国的实际。中国对外贸易制度的变迁可以分为四个阶段：1949—1978 年为第一个阶段，1979—2001 年为第二个阶段，2001—2008 年为第三个阶段，2009 年至今为第四个阶段。①

第一个阶段为计划经济体制下的国际贸易（1949—1978 年）。这一阶段的显著特征是国家统一领导和统负盈亏。新中国成立初期，国家对贸易进行统一领导、集中管理，同时强调独立自主，不断弱化国际贸易在经济中的作用，从而形成了国家统一领导，国营外贸企业统一经营，国家统负盈亏的对外贸易制度。这种特征使中国对外贸易长期在国内经济发展中处于次要位置，国际贸易的范围和规模都受到限制。这一时期的对外贸易制度具有以下几个特征。

第一，统一机构设置。在职能机构设置层面，政府于 1949 年设立了中央贸易部，并在内部分设外贸司，外贸司是直接管理国家外贸工作的部门。在经营机构层面，外贸司在 1950 年下设了国营外贸公司，专门经营外贸工作。第二，统一外贸管理条例。中央政府在 1950 年先后颁布了《中华人民共和国对外贸易管理暂行条例》和《对外贸易管理暂行条例实施细则》，此后一系列关于对外贸易的法律法规相继出台，统一的外贸管理条例和法律法规逐步建立。第三，国营外贸企业垄断经营。中央贸易部成立的国营外贸公司对这一时期的对外贸易实行垄断经营，通过设立多个中国进出口公司分别负责对苏联、西方国家的对外贸易。在对外贸易部成立后，国营外贸企业又进行了调整，设置了地方分公司和子公司。第四，私营进出口企业接受社会主义改造。新中国建立之初，中国还存在一些私营进出口企业，但是其市场份额很小。中央政府通过设定外贸企业经营范围以及出台公司兼顾区别对待的政策，利用私营进出口企业的经营渠道为国营企业服务，同时将私营企业的经营纳入外贸的计划，逐步完成对私营企业的社会主义改造。第五，实施贸易保护政策。新中国建立之初，受到计划经济体制和国际环境的影响，中国实施了外贸管制和保护措施来应对国际社会对中国的经济封锁和保护国内脆弱的经济。计划经济时期的一系列外贸举措，使得中国外贸工作取得了显著成效，也在一定程度上促

① 郝璐：《中国对外贸易制度研究》，博士学位论文，吉林大学，2017 年，第 41—52 页。

进了国内经济的发展。

第二阶段为对外开放背景下的国际贸易（1979—2001 年）。改革开放政策让中国打开了对外开放的大门，经济体制逐渐由计划经济体制向市场经济体制转变。与计划经济体制不同的是，这一时期中国对国际贸易的政策也发生了较大转变。这一时期的对外贸易体制改革分为三个时期。第一个时期为 1978—1986 年，下放外贸经营权，在地方、部门和企业之间实施外贸经营包干责任制和企业审批权；改革外贸极化体制，降低指令性计划商品范围，扩大指导性计划商品范围；调整外贸财务体制，将外贸企业按照直属部门分别进行财政管理；改革经营方式，由单一化经营渠道向多样化经营渠道转变；实行外汇留成制度，国家统一管理外汇，对创汇企业给予一定的外汇额度。第二个时期为 1987—1990 年，推行外贸承包经营责任制是这一时期的改革重点，包括地方承包中央的出口创汇、上缴外汇和经济效益指标；外贸企业自负盈亏；进一步改革外贸计划体制、财务体制和经营体制；进一步扩大地方企业外汇留成比例，逐步开放外汇调剂市场，外贸企业可以自由调剂留成外汇。第三个时期为 1991—2001 年，确立了“统一政策、平等竞争、自主经营、自负盈亏、工贸结合、推行代理制、联合统一对外”的外贸管理体制，将外贸企业逐步推向国际市场。改革开放初期，中国外贸制度逐步由计划经济特征向市场经济、由相对封闭的外贸政策向开放型转变。①

第三阶段为经济全球化背景下的国际贸易（2002—2007 年）。中国在 2001 年加入了世界贸易组织，为了达到国际标准，中国贸易制度在世界贸易组织的框架下进行了进一步改革。中国的贸易制度在与国际贸易体制相互接轨和协调的过程中逐步完善。具体而言，这一过程主要包括以下几个方面的内容：首先，对相关职能部门进行组织结构调整，撤销外经贸部和国家经贸委，重新组建商务部；其次，完善国际贸易法律制度，制定和出台了《货物进出口管理条例》等规章制度，不断完善已有的贸易制度并达到世界贸易组织的要求；再次，规范进出口管理制度，一方面实行降税政策，对关税和非关税壁垒进行

① 林毅夫、蔡昉、李周：《中国的奇迹：发展战略与经济改革》，格致出版社、上海三联书店、上海人民出版社 2014 年版，第 114—116 页。

消减，逐渐取消部分商品的进出口配额限制等，另一方面为利用外资扫除障碍，相继出台了《指导外商投资方向规定》和《外商投资产业指导目录》等文件，为吸引和利用外资提供了保障；最后，积极维护贸易公平并履行责任，中国不仅尊重世界贸易组织制定的贸易公平原则，维护国际贸易秩序和本国经济的发展，也积极参与国际贸易事务，为维护国际贸易公平履行必要的职责。

第四阶段为国际金融危机后的国际贸易（2008 年至今）。国际金融危机后，全球经济萧条，国际市场需求疲软，中国长期坚持的出口导向型对外贸易受到较大影响。受金融危机影响，中国劳动力成本也随之上升，使得中国的低成本优势逐渐消失，在这种背景下，中国对贸易制度进行了进一步的改革与完善。首先，调整对外贸易发展方式。金融危机使得外需下降，因此中国将扩大内需作为发展和稳定经济的关键途径，与此同时，兼顾稳定外需。通过调整对外贸易方式，完善相关贸易制度，中国贸易方式逐渐发生转变。其次，调整外贸政策。受到保护主义、全球经济放缓等国际贸易环境的影响，中国贸易发展受到限制。因此，中国调整和完善相应贸易制度和政策，如调整出口退税政策、加工贸易政策、贸易摩擦应对机制等，以此鼓励进口发展。最后，完善海外投资制度。由于部分西方发达国家对中国实施进口限制，中国积极应对，鼓励企业“走出去”，通过企业的海外并购、入股等方式开拓海外市场。随着中国对外开放力度不断加大，中国对外贸易也取得了较大进步，中国贸易制度也随着国内经济和国际经济环境的变化不断调整和完善，从而使得中国贸易在稳定国内经济和抵御外部经济冲击方面发挥了重要作用。

三　国际贸易的发展特征

（一）国际贸易战略由封闭向开放转变

1949—1971 年，受到外部经济封锁的影响，中国被迫选择了经济封闭政策，贸易体制也形成了以国家垄断为特征的格局。在这种战略格局之下，政府建立的进出口总公司为经营对外贸易的主要公司，国家统负盈亏，贸易被定义为“互通有无”“调剂余缺”。

1972—1978 年，一系列国内事件使中国意识到经济封闭的弊端，开始与国外开展外交活动，贸易政策开始向进口替代转变。这种政策的转变主要目的是通过进口替代引进国外先进技术和设备来发展本国经济，此时中国经济的开放水平还很低。

1979—1993 年，中国在吸取了“亚洲四小龙”发展经验的基础上，贸易政策开始向出口导向型转变。由于具有劳动资源的比较优势，因此中国通过引进外国先进技术来建立制造业基础，在此基础上利用本国廉价的劳动力生产劳动密集型产品，依靠价格优势发展出口贸易，从而带动本国经济发展。

1994—2001 年，中国转向全面出口导向战略。外汇制度的改革极大地促进了中国出口贸易的发展。首先，通过人民币汇率贬值和调剂市场成交额在贸易外汇成交额的占比来推动外汇市场的双轨制向单一市场并轨；其次，实行单一的有管理的浮动汇率制，进一步实现官方汇率和调剂市场汇率的并轨。

从 2002 年开始，中国贸易走向了全面开放时期。中国在加入世界贸易组织后，实现了大幅度降低关税壁垒、废止进口配额、完善法律法规等一系列入世承诺，中国市场向全球进一步开放，中国企业也逐步走向世界舞台。①

（二）通过建立经济特区促进贸易开放

廉价丰富的劳动力资源并不能使中国出口贸易产品满足发达国家需求，中国选择通过建立经济特区的形式来提升贸易产品质量和贸易开放水平。贸易产品质量的提升必须依靠技术和资金支持，受到“亚洲四小龙”发展经验的启发，中国通过经济特区吸引国外资金、先进技术和管理理念来发展外向型产业，借助沿海地区的区位优势进一步开拓国际贸易市场。

从 20 世纪 80 年代开始，中国将广东和福建的深圳、珠海、汕头、厦门设立为“以市场调节为主的区域性外向型经济形式”的经济特区，随后又开放了长江三角洲地区、珠江三角洲地区、厦漳泉三角地区、胶东半岛和辽东半岛为经济开放地区。这些经济特区为中国有效利用国外资源、促进区域经济发展、连接国内国外经济以及积累贸易开放经验提供了平台。

---

① 吴敬琏：《当代中国经济改革》，中信出版社 2017 年版，第 365—372 页。

（三）政府的导向性作用

政府转变经济体制的行为使得中国经济逐步开放，中国贸易也在开放过程中实现了快速增长。一方面，政府的一系列经济体制改革举措转变了贸易开放格局，促进了贸易政策由封闭、进口替代到出口导向再到全面对外开放的转变，建立了经济特区，为中国探索出一条符合本国的贸易发展之路；另一方面，在贸易开放过程中，政府逐步完善贸易制度和相关配套制度，贸易体系逐步建立，其中外汇制度的改革就因受到了贸易发展的影响而不断完善。

第二节　国际贸易影响就业极化的机制

国际贸易方式和内容的转变是其影响就业技能结构的前提条件。一方面，信息通信技术和交通方式的发展促进了国际贸易总能量的发展，使得更多国家参与到国际贸易体系中。发达国家在国际贸易体系中处于高端，从事高技术产品生产和贸易活动，发展中国家处于中低端位置，主要从事劳动密集型和资源密集型产品的生产和贸易。通信技术和运输方式的发展使得贸易沟通成本和贸易成本下降，国家贸易体系才得以建立，国家之间的贸易才会对某国经济和就业产生影响。另一方面，由贸易向离岸外包贸易方式的转变也使得国际贸易通过产品形式和企业结构影响本国就业。

在通信技术和交通运输技术的推动下，离岸外包成为国际贸易重要方式。在此背景下，发达国家可以通过跨国企业将本国技术和资金向外输出，国际贸易对拥有不同比较优势的国家就业影响结果也有所差异。国际贸易对就业技能结构的直接影响不显著，但是国际贸易通过引起技能偏向型技术进步间接地引起了不同技能需求的变化。对于发展中国家，引进技术和资金可以为发展中国家在短时间内提高本国经济发展水平节约大量成本，大量技术产品需要技能劳动使用，促使发展中国家的技术进步偏向于技能，技能劳动需求上升，发展中国家就业技能结构受国际贸易影响发生变化。由于发达国家拥有技术水平较高的研发机构和跨国企业，通过国际贸易可以促进本国技术输出，从而带动本国技能劳动就业上升。本节对离岸外包如何引起技能偏向型技术进步从而引起技能就业结构变化的机制进行分析。

一 企业出口对各类技能劳动需求的影响

（一）高技术企业出口增加了技能劳动需求

赫克歇尔—俄林贸易模型指出，不同国家在生产要素上的比较优势会使该国优先出口利用该生产要素生产的产品，发达国家和发展中国家分别在高技能劳动生产要素和低技能劳动生产率要素上具有优势。[①] 不同国家会利用该国具有较高丰裕度的要素生产和出口产品，那么发达国家的高技术产品和发展中国家的低技术产品需求会随着贸易的发展不断上升，引起发达国家高技能劳动需求和发展中国家低技能劳动需求上升，使得发达国家技能溢价上升，发展中国家技能溢价下降。

然而，现实情况下，发展中国家技能溢价不降反增。[②] 新贸易理论从异质性企业角度指出技能溢价上升与企业异质性有关。高技术企业在成本和技能劳动方面具有很大竞争优势，在贸易自由化背景下，贸易成本的下降会使得高技术企业的贸易量和技能需求同时上升，而低技能企业由于缺乏技术优势而面临较大的进口竞争压力，从而使得要素比较优势不同的国家在国际贸易的背景下均出现技能溢价上升现象。[③] 因此，不论在发达国家还是在发展中国家，高技术企业因国际贸易增加产品销量而促进高技能劳动就业增加，使得发达国家和发展中国家同时出现了技能溢价上升局面。

（二）进口竞争对高低技能劳动需求的影响

进口竞争不仅会引起发达国家低技能劳动就业水平下降，也会引起高技能劳动就业水平上升。首先，本国技术水平较低的企业在面对国外进口产品竞争时会失去竞争优势，导致低技术企业产品需求和低技能劳动需求下降。拥有价格优势的中国制造业产品进口到美国，给美国制造业产品带来巨大需求冲击，制造业等低技能劳动就业受此影

---

① ［美］保罗·R. 克鲁格曼，茅瑞斯·奥伯斯法尔德：《国际经济学：理论与政策（第八版）（上册 国际贸易部分）》，中国人民大学出版社 2011 年版，第 51—66 页。

② Acemoglu, Daron, "Technical Change, Inequality, and the Labor Market", *Journal of Economic Literature*, Vol. 40, No. 1, 2002, pp. 7 –72.

③ Harrigan James and Reshef Ariell, "Skill Biased Heterogeneous Firms, Trade Liberalization, and the Skill Premium", *NBER Working Paper*, No. 17604, 2011.

响大幅下降。其次，来自发展中国家的进口竞争会促进发达国家创新行为。进口竞争对发达国家产生两种效应：一方面，进口竞争会促进发达国家企业内部研发行为；另一方面，进口竞争会促使就业在更具创新能力和技术更先进公司间再分配。[①] 进口竞争促进企业创新行为的同时也增加了技能劳动需求。

二　离岸外包对各类技能劳动需求的影响

国际贸易对技能溢价的直接影响较小，而离岸外包通过增加技能密集型产品需求和价格的形式引起技能偏向型技术进步，可以间接地增加技能劳动需求和技能溢价，从而引起发达国家和发展中国家技能溢价和技能需求上升。在发达国家技能密集型产品相对价格不增加时，这种情况也可以发生。

（一）引致型技能偏向型技术进步对技能与非技能劳动需求的影响

根据 Acemoglu（2003）的理论分析模型[②]，对国际贸易引致技能偏向型技术进步的过程分析如下。

1. 建立基于赫克歇尔—俄林理论的贸易模型

假设有 $J+1$ 个国家，即美国和 J 个发展中国家。H 是技能劳动数量，L 是非技能劳动数量。假设美国比发展中国家有较高比例的技能劳动，即 $\frac{H^U}{L^U} > \frac{H^j}{L^j}$（$j = 1 \cdots j$）（$U$ 代表发达国家，j 代表发展中国家，当 $j = 0$ 时代表发达国家）。

所有国家的消费者有一致的偏好：

$$U(t) \equiv \int_t^{\infty} \exp(-r(\tau - t))C(\tau)d\tau \qquad (3-1)$$

其中，τ 是时间，r 是折扣率。

同时，消费产生的技能密集型产品和劳动密集型产品的替代弹性恒定。对于 j 国家，总消费为：

---

① Bloom Nicholas, Draca Mirko, and Van Reenen John, "Trade Induced Technical Change? The Impact of Chinese Imports on Innovation, IT and Productivity", *NBER Working Paper*, No. 16717, 2011.

② Acemoglu, Daron, "Patterns of Skill Premia", *The Review of Economic Studies*, Vol. 2, 2003, pp. 199 – 230.

$$C^j = [\gamma(C_l^j)^{\frac{\varepsilon-1}{\varepsilon}} + (1-\gamma)(C_h^j)^{\frac{\varepsilon-1}{\varepsilon}}]^{\frac{\varepsilon}{\varepsilon-1}} \quad (3-2)$$

其中，C_l^j 为劳动密集型产品的消费数量，C_h^j 为技能密集型产品的消费数量，ε 为两种产品的替代弹性。同时，两类产品在国家 j 的价格分别为 p_l^j 和 p_h^j 。市场是竞争性的，那么市场出清时的技能密集型产品在国家 j 的相对价格为：

$$p^j \equiv \frac{p_h^j}{p_l^j} = \frac{1-\gamma}{\gamma}\left(\frac{C_h^j}{C_l^j}\right)^{-\frac{1}{\varepsilon}} \quad (3-3)$$

假设劳动密集型产品只由非技能劳动生产，技能密集型产品只由技能劳动生产。由于没有国际贸易，因此两种产品在国家 j 的产量分别为：

$$Y_h^j = A_h^j H^j \text{ 和 } Y_l^j = A_l^j L^j \quad (3-4)$$

其中，A_h^j 和 A_l^j 分别为技能劳动和非技能劳动在国家 j 的生产率。

在封闭经济条件下，所有产品的消费都等于生产，即 $C^j = Y^j$ 。

将公式（3-3）中的 C_h^j 和 C_l^j 分别替换为公式（3-4）中的产品产量，可得国家 j 的技能密集型产品的相对价格为：

$$p^j = \frac{1-\gamma}{\gamma}\left(\frac{A_h^j H^j}{A_l^j L^j}\right)^{-\frac{1}{\varepsilon}} \quad (3-5)$$

变化公式后可得：

$$[\gamma^{\varepsilon}(p_l^j)^{1-\varepsilon} + (1-\gamma)^{\varepsilon}(p_h^j)^{1-\varepsilon}]^{\frac{1}{1-\varepsilon}} = 1 \quad (3-6)$$

竞争市场下，劳动工资等于边际产量，故国家 j 中的技能溢价为：

$$\omega^j = \frac{\omega_h^j}{\omega_l^j} = \frac{1-\gamma}{\gamma}\left(\frac{A_h^j}{A_l^j}\right)^{\frac{\varepsilon-1}{\varepsilon}}\left(\frac{H^j}{L^j}\right)^{-\frac{1}{\varepsilon}} \quad (3-7)$$

在开始自由贸易之后，所有国家的产品相对价格统一，消费者选择两类产品的消费比例也是统一的，于是可得世界均衡下技能密集型产品的相对价格：

$$\hat{p} = \frac{1-\gamma}{\gamma}\left[\frac{\sum_{j=0}^{J} A_h^j H^j}{\sum_{j=0}^{J} A_l^j L^j}\right]^{-\frac{1}{\varepsilon}} \quad (3-8)$$

那么，贸易后的技能溢价为：

$$\hat{\omega}^j = \hat{p}\frac{A_h^j}{A_l^j} \quad (3-9)$$

假设发达国家在生产技能密集型产品的生产率比发展中国家更

高，即：

$$A_s^j = \theta^j A_s^U \tag{3-10}$$

其中 $\theta^j \leqslant 1$ 。

同时假设：

$$H^W/L^W > H^j/L^j (j > 0)$$

于是可得：

$$\hat{p} = \frac{1-\gamma}{\gamma}\left[\frac{A_h}{A_l}\left(\frac{H^W}{L^W}\right)\right]^{-\frac{1}{\varepsilon}} > p^U = \frac{1-\gamma}{\gamma}\left[\frac{A_h}{A_l}\frac{H^U}{L^U}\right]^{-\frac{1}{\varepsilon}} \tag{3-11}$$

其中，$H^W \equiv H^U + \sum_{j=1}^{J} \theta^j H^j$ 是贸易后世界上所有技能劳动的有效供给，$L^W \equiv L^U + \sum_{j=0}^{J} \theta^j L^j$ 是世界所有非技能劳动的有效供给。从公式（3－11）可得所有国家贸易后的技能溢价为：

$$\hat{\omega} = \hat{p}\frac{A_h}{A_l} > \omega^U = p^j \frac{A_h}{A_l} \tag{3-12}$$

从公式（3－11）可以看出，贸易后的发达国家技能密集型产品的价格高于贸易前的发达国家技能密集型产品价格，从而导致了贸易后所有国家统一的技能溢价高于贸易前的发达国家技能溢价，因此技能丰富的发达国家与技能稀缺的发展中国家的贸易行为会增加技能密集型产品的需求和价格，同时也增加美国技能劳动需求以及美国技能溢价。

然而一些证据表明，国际贸易对技能溢价和技能需求的直接影响不明显，但是国际贸易确实引起了技能溢价和技能需求的上升。因此，从技术内生性角度来看，国际贸易可以通过引致技能偏向型技术进步来提高技能溢价。

2. 贸易与引致型技能偏向型技术进步

假设自由贸易中技能密集型产品和劳动密集型产品的产量分别为 Y_h 和 Y_l ，贸易后所有产品的价格在不同国家是相同的，于是可得：

$$Y_l^j = (\hat{p}_l)^{(1-\beta)/\beta}\tilde{Q}_l^j L^j \text{ 和 } Y_h^j = (\hat{p}_h)^{(1-\beta)/\beta}\tilde{Q}_h^j H^j \tag{3-13}$$

其中，$\hat{p}_l$ 和 $\hat{p}_h$ 分别为贸易后技能密集型产品和非技能密集型产品的价格，$\tilde{Q}_l^j$ 和 $\tilde{Q}_h^j$ 分别为国家 j 中劳动互补型技术的生产率和技能互补型技术的生产率，且国家 j 使用的最先进技术生产率比本国生产的最先进技术生产率要高，故 $\tilde{Q}_s^j = \theta^j Q_s^j$。同样地，贸易后消费者对技能密集型产品和劳动密集型产品的消费比例是固定的，于是得到贸易后的技能密集型产品的相对价格：

$$\hat{p} = \left[\left(\frac{1-\gamma}{\gamma}\right)^{-\varepsilon}\left(\frac{Q_h}{Q_l}\right)\left(\frac{H^W}{L^W}\right)\right]^{-\frac{\beta}{1+\beta(\varepsilon-1)}} \tag{3-14}$$

当发展中国家没有知识产权时，可以得出均衡价格：

$$\hat{p} = \left(\frac{H^U}{L^U}\right)^{-\beta} \tag{3-15}$$

结合公式（3－14）可得贸易后均衡增长路径下的技术进步的技能偏向：

$$\frac{Q_h}{Q_l} = \left(\frac{1-\gamma}{\gamma}\right)^{\varepsilon}\left(\frac{H^W}{L^W}\right)^{-1}\left(\frac{H^U}{L^U}\right)^{1+\beta(\varepsilon-1)} \tag{3-16}$$

其中，Q_h 和 Q_l 分别为贸易后的技能劳动和非技能劳动使用技术的劳动生产率。在均衡的技术进步条件下，技能劳动的相对生产率为：

$$\frac{Q_h}{Q_l} = \left(\frac{1-\gamma}{\gamma}\right)^{\varepsilon}\left(\frac{H^U}{L^U}\right)^{\beta(\varepsilon-1)} \tag{3-17}$$

由公式（3－16）和（3－17）相比较可知：

$$\frac{Q_h}{Q_l} > \frac{Q_h}{Q_l} \tag{3-18}$$

因此，贸易使得技术的技能偏向由 $\frac{Q_h}{Q_l}$ 增加到 $\frac{Q_h}{Q_l}$，所以贸易引致了技能偏向型技术进步。

从以上分析可知，价格效应在其中发挥了重要作用：国际贸易增加了技能密集型产品的相对价格后，越高的技能密集型产品相对价格进一步促进了技能偏向型技术进步，技能偏向型技术进步则增加了技能劳动需求，降低了非技能劳动需求。

（二）离岸外包对中、低技能劳动需求的影响

在引致型技能偏向型技术进步的理论基础之上，随着离岸外包在国际贸易中所占比重逐渐增大，国际贸易通过技能偏向型技术进步对中等技能劳动产生替代作用。

首先，常规化任务的外包降低了中等技能劳动需求。北方发达国

家将本国常规化任务外包到南方具有大量廉价劳动力的发展中国家，使得发达国家常规化任务就业率下降，从而引起了发达国家就业极化。[①]

其次，服务外包会增加发达国家低技能劳动需求以及发展中国家高技能劳动需求。服务外包会降低可贸易类职业就业，促进非可贸易类职业就业。[②] 个人服务业属于不可贸易类的职业，个人服务业需要面对面接触，如保安、保姆等，不会受到离岸的影响。而非个人服务业属于可贸易类职业，如会计、程序员等，在通信技术发展的背景下，这类职业会受到离岸的冲击。[③] 在服务外包的推动下，低技能劳动因职业的特性而没有受到离岸外包的影响，其他职业类型如高技能的程序员和中等技能的会计员等职业被外包到发展中国家，与高中技能劳动就业下降相比，服务外包增加了发达国家低技能劳动需求。与此同时，对于发展中国家而言，发达国家将信息服务离岸外包给发展中国家，这些信息服务行业对发展中国家来说是高技能行业，因此信息服务行业的离岸外包也会促进发展中国家高技能劳动需求的上升。

第三节　中国国际贸易的就业效应

国际贸易通过引起技能偏向型技术进步间接影响不同技能的就业结构。对于发展中国家而言，通过国际贸易引进大量国外先进技术设备和资金的形式发展本国经济，由于技术和资本融合在设备层面，因此国际贸易通过引进设备资本来促进技术进步，带动技术引进企业招聘大量高技能劳动来使用高技术设备生产和工作，从而促进了高技能劳动就业上升。因此，国际贸易对中国就业的影响主要体现在以下两个阶段。第一个阶段，在中国技术基础十分薄弱的时期，通过国际贸易引进的技术都用在了弥补中国技术的不足方面，这一时期的国际贸

① Jung Jaewon and Mercenier Jean, "Routinization – Biased Technical Change, Globalization and Labor Market Polarization: Does Theory Fit the Facts?", *TEPP Working Paper*, No. 2011 – 10, 2010.

② Crino, Rosario, "Service Offshoring and White – Collar Employment", *The Review of Economic Studies*, Vol. 2, 2010, pp. 595 – 632.

③ Blinder, Alan S., "Offshoring: Big Deal, or Business as Usual?", *CEPS Working Paper*, No. 149, 2007.

易体现出高技能劳动的互补性和低技能劳动的替代性。第二个阶段，在中国技术进步取得了较快发展并进入自主创新阶段后，离岸外包成为国际贸易的重要组成部分。一方面，技术引进会促进高技能劳动的发展，随着引进技术水平越来越高，技术进步开始对中等技能劳动产生替代；另一方面，非个人服务业在离岸外包中的份额逐渐增多时，离岸外包会使得中国高技能劳动增加。总体而言，国际贸易对中国就业的影响主要体现在对高技能劳动的互补、中等技能劳动的替代。

从劳动供给与需求的角度来看，国际贸易通过技能偏向型技术进步改变了劳动需求，从而影响了各类技能劳动的就业。本节首先分析国际贸易如何影响中国技能偏向型技术进步的，其次分析这种技能偏向型技术进步又是如何对不同技能劳动的需求产生影响的。

一 国际贸易促进了技术进步

中国比较优势决定了必须通过引进国外技术来发展本国经济。从比较优势的角度来看，发达国家在技术方面具有较大优势，因此发展中国家必须通过引进发达国家先进技术和借鉴先进经验，从而利用比较优势来追赶发达国家。新中国成立初期，中国在产业和技术方面的基础十分薄弱，但在廉价劳动力方面具有比较优势，因此中国选择了大力发展劳动密集型产业进行大量出口，以赚取外汇和扶持本国优势产业发展。同时，借助国际贸易购买大量国外先进技术和设备，大幅度降低了中国在技术追赶上的成本，从而实现了中国短期内技术进步的快速发展。

在国际贸易的推动下，中国技术进步既体现出资本属性，又具有技能偏向型。从早期的国际贸易内容来看，中国主要出口的产品是国内具有优势的劳动密集型产品，具有较低的附加值。而中国进口的产品中，长期以来，高技术产品都占有很高的比重。中国进口额最大的产品为芯片，芯片产品不仅是中国技术进口比重最多的产品，而且保持了较高的增速。从芯片产品进口可以看出，中国长期以来依靠技术引进来发展本国技术，虽然经过长期的技术发展中国已经在某些领域取得了较大进步，然而在高精尖技术领域依然受制于人，还严重依赖进口。由于技术具有积累效应，发达国家技术一直遥遥领先于中国技术，因此在中国技术引进的过程中，发达国家技术也在进步，可以说中国技术进步一直处于追赶的过程，并且技术引进的程度会越来越偏向于高技术产品，技术引进的过程还在继续。这些高技术产品一方面具有很高的价格，另一方面对使用者的技能提出了更高要求，因此高技能劳动者的市场需求就很大。

二　国际贸易对高、中技能劳动需求的影响

中国技术进步对高、中技能劳动需求的影响分为三个过程。首先，从新中国成立到1990年前后，技术进步处于模仿阶段和研发阶段，技术进步促进了高技能劳动需求上升。这一阶段中国工业基础薄弱，重工业发展是这一阶段的重要内容，技术引进的内容也集中在工业生产设备。国际贸易引进的技术设备对于当时的中国来说属于技术含量较高的产品，发展工业引进的高技术生产设备吸引了大量高技能劳动者就业。

其次，从1990年到2012年，中国技术进步处于自主创新阶段，此时正值第三次技术革命爆发，以计算机为代表的先进技术进入了人类生产生活的各个领域。中国国际贸易的内容也从过去的重工业电器设备向高科技含量的产品倾斜。电脑等高科技含量的产品对技能要求很高，随着中国教育水平的提升和大学生扩招政策的实施，大量受到高等教育的劳动者进入市场，弥补了中国引进高科技技术上的劳动需求。这一时期，中国技术进步主要体现在对高技能劳动的互补和对中等技能劳动的替代。

最后，从2013年至今，全球进入了第四次工业革命时期，以人工智能、大数据、云计算为特征的一系列技术出现在人们的生活和工作中，技术已经在某些领域有了重大突破，并可以在某种程度上代替人来完成一些工作。例如先进的工业机器人就比人类劳动者在效率、成本和误差上有优势，相关职业的劳动者也在人工智能技术的发展下被替代。这一时期，中国不仅大量进口国外先进技术设备，还借助自身坚实的工业基础开展部分人工智能产品研发，这也在一定程度上加速了技术对中等技能劳动就业的替代。因此，这一时期表现为技术进步对中等技能劳动的替代和高技能劳动的互补。

三 离岸外包对高、低技能劳动需求的影响

技术上的优势使得发达国家将国内附加值含量较低且生产成本较高的产业转移到发展中国家，或者将生产过程中的某个低附加值含量的任务外包给成本更低的国家，于是产生了对发展中国家的技术转移。发达国家外包给发展中国家的生产活动对发展中国家的技术要求较高，这些技术在发达国家是中低水平的技术，在发展中国家则是高技术。[①]因此，通过离岸外包，发达国家促进了发展中国家高技能劳动需求上升。从早期中国承接的离岸外包内容来看，主要集中在加工制造业领域。对于技术基础薄弱的中国而言，承接加工制造业也需要引进大量先进设备，这些设备和生产技术对中国而言就是高技术。根据比较优势理论，中国选择了利用廉价劳动力来发展劳动密集型产业。这一时期，发达国家的离岸外包一方面促进了中国制造业技术基础的建立，另一方面也促进了中低技能劳动就业上升。

随着全球整体技术进步迈入第三次工业革命和第四次工业革命，信息技术降低了沟通成本，交通运输方式改进也大幅降低了运输成本，离岸外包的内容开始由单一的制造业向制造业和信息服务业转变。发达国家通过离岸外包不断将技术含量较高的分工如软件开发等工作转移到发展中国家，这些技术对后者依然是较先进的，这些工作的离岸外包进一步促进了发展中国家技能劳动需求上升。2016 年，中国软件行业离岸外包达到 10213 亿元人民币，中国软件行业离岸外包服务占到全球市场的 33%，稳居世界第二市场。[②]

服务外包对技能劳动的较高要求促进了承接国教育的发展，从而为市场提供高技能劳动，满足市场劳动力需求。跨国公司在将外包服务提供之前，需要对承接国的劳动力进行选拔和培训，以达到外包任务的技能要求，这也极大地促进了承接国高技能劳动的供给，在外包服务的推动下，高技能劳动就业率不断上升。另外，国际服务外包一

① Feenstra, Robert C. and Hanson, Gordon H., "Globalization, Outsourcing, and Wage Inequality", *NBER Working Paper*, No. 5424, 1996.

② 中国软件行业协会：《2016 年度软件和信息技术服务业产业发展概况》，2017 年 7 月 5 日，http://www.csia.org.cn/content.jsp? id = 4028813e5d0c7791015d10c89e0d0060&classid = 65f7ba61756d4235982d9a5f32117e4a。

定程度上促进了承接国对高等教育的投资，投资培训出来的大量高技能人才也成为进一步吸引国际外包业务的因素。[①] 对中国而言，承接服务外包可以缓解大学生就业难问题，为高技能人才提供了就业机会。

四　逆向外包促进了高技能劳动需求上升

逆向外包是指由非发达国家企业向发达国家发起的服务外包活动。逆向外包有三种方式：直接雇用、内涵式和外延式。直接雇用是指发展中国家企业直接聘用发达国家劳动者到本国工作；内涵式是指发展中国家通过就地设立公司的方式吸纳发达国家就业者；外延式是指发展中国家企业通过并购发达国家企业的方式现实技术和高技能劳动的获得。[②]

发展中国家参与逆向服务外包有两个原因。首先，发展中国家企业一方面受到发达国家在人才方面的竞争影响。发达国家拥有高学历的年轻人不愿进入科技工程类行业工作，加上发达国家人口老龄化问题严重[③]，导致发达国家需要在全球范围内通过服务外包的形式来吸纳技能人才。发达国家所吸纳的技能人才同样是发展中国家的高技能劳动者，在人才吸引方面，发达国家和发展中国家形成了竞争态势。其次，为了实现提高服务质量、获得创新资源、满足国内市场需求和开拓海外市场等目的，一些企业会通过服务外包的形式吸引发达国家创新人才。由于发展中国家参与的逆向外包大多属于高技术、知识密集型业务，这些业务无法在发展中国家企业实现，这些企业会通过类似于发达国家将制造业剥离出去一样将知识密集型任务外包给发达国家，从而实现企业技术进步和服务提升。[④] 逆向服务外包是发展中国家获得创新资源的全新方式，满足了发展中国家对高技能劳动力的需求，同时这种方式也引致企业采用技能偏向型技术，进一步加大了企

---

① 任志成、张二震：《承接国际服务外包的就业效应》，《财贸经济》2008 年第 6 期，第 62—66 页。

② 张月友、方瑾：《逆向外包驱动力的实证研究》，《中国地质大学学报》（社会科学版）2018 年第 5 期，第 153—167 页。

③ Lewin K. and Furlong S.，"1st Bi - annual Offshore Survey Results"，*Duke Center for International Business Education and Research（CIBER）and Archstone Consulting*，2005.

④ 张月友、刘丹鹭：《逆向外包：中国经济全球化的一种新战略》，《中国工业经济》2013 年第 5 期，第 70—82 页。

业对高技能劳动的需求。①

从目前来看，中国通过“直接雇用”“内涵式”和“外延式”三种逆向外包方式吸纳了大量海外高层次人才。“千人计划”作为“直接雇用”方式的一种，为中国吸纳了少量国外顶尖高技能人才，尽管人数较少，但是带动了中国大量海外留学人员和工作人员回国工作和创业。中国航空公司也开始尝试从欧洲招聘飞行员来弥补企业对高技能人才的需求。②“内涵式”和“外延式”逆向外包也为中国企业吸纳了大量国外创新型人才。中国的对外开放战略以及巨大的市场需求要求中国企业必须加快技术创新步伐，由于国内技能劳动力在质量和数量上与国外技能劳动力还有一些差距，中国企业在“走出去”的过程中根据企业和市场需求推动逆向服务外包的发展。从图 3 -9 可以看出，中国企业的海外并购数量从 2014 年开始有较大的提升，2016 年达到近年最高值，其中民营企业是并购数量增长的主要推动力。另外，中国企业海外并购金额在 2016 年达到历年最高，此后几年有所下降。

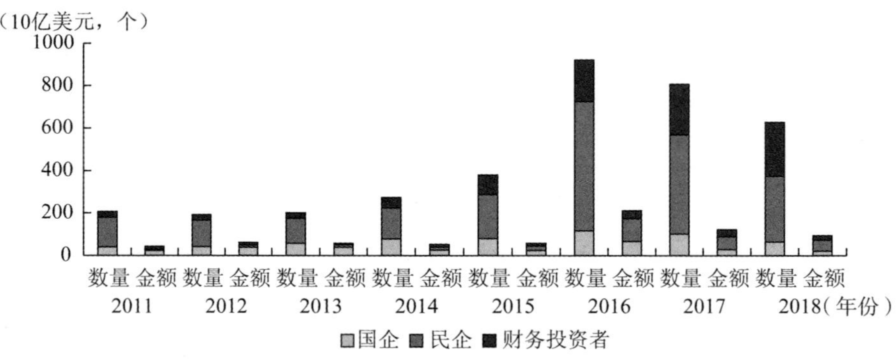

图 3 -9 中国企业海外投资并购数量和金额（2011—2018 年）③

从这些数据中可以看出，逆向外包正成为中国企业“走出去”开拓市场和吸纳高端人才的重要途径。通过逆向外包，中国企业在实现

① 沈春苗：《逆向外包与技能偏向性技术进步》，《财经研究》2016 年第 5 期，第 43—52 页。

② Sen, P. , “India and China Start Reverse Outsourcing of Foreign Pilots to Counter Shortages”, http://www.indiadaily.com/editorial/3997.asp, 2005.

③ 普华永道：历年《中国企业并购市场回顾与展望》，www.pwccn.com。

本企业技术创新实力提升的同时，反过来又对本国高技能劳动力提出了更高要求，从而促进劳动供给端快速发展来满足市场对高技能劳动的巨大需求。

第四章

产业结构升级对就业极化的影响

从产业角度来看，不同技能类型的劳动者大致分布在不同产业。第一产业劳动者主要从事农业，普遍劳动技能较低，劳动生产率同样不高；第二产业劳动者从事的是工业生产、中低端制造业和高端制造业，这些劳动者技能主要集中在高技能和中等技能水平，劳动生产率也处于中高等水平；第三产业劳动者主要从事服务业，然而服务业既包括金融业、教育等高技能职业，也包括保姆、清洁工等低技能职业，因此服务业技能涉及高技能和低技能。

刘易斯的“二元经济论”和费景汉—拉尼斯模型指出，大量剩余劳动力和生产力的差异是促进劳动力从农业转移到工业的重要因素，当农业劳动者和工人的收入都取决于边际产出时，二元经济变成一元经济，产业就业实现了从第一产业向第二产业的转移。

产业结构升级的过程伴随着人口城镇化。城镇化的最主要特点是低技能劳动者提高技能到中等技能的过程。大量剩余的低技能劳动力受到第二产业高收入的吸引选择进入技能高一个等级的职业中就业，中等技能职业使得低技能劳动者不断提高技能来满足职业要求。

从职业选择的角度来看，不同产业下从事不同职业的劳动者会根据自身技能条件和目标产业和职业要求来选择适合自己的工作。高技能劳动者在就业时会直接选择进入技能要求较高的职业；中等技能劳动者则一方面是低技能劳动者通过职业培训实现了技能升级而转换了职业，另一方面是中等技能劳动者的直接选择；低技能劳动者在面对更高收入的职业时，会选择提高自己的劳动技能来转换工作类型，进入中等技能职业中，或长期停留在低技能要求的职业中。

产业结构升级下的就业变化是劳动者受到收入的影响下的自我选

择，能否实现从第一产业到第二产业再到第三产业的职业和能力转化，还受到技术进步的影响。不同产业的劳动者不仅受到职业技能要求的限制，还要面对技术提高生产率后对劳动的替代。

本章重点分析产业结构升级如何影响不同技能劳动的就业结构。第一节对中国产业结构升级的发展历程进行回顾和总结；第二节对产业结构升级如何影响就业结构尤其是高、中、低技能劳动就业的机制进行梳理，提出一个产业结构升级影响不同技能劳动的分析框架；第三节对中国产业结构升级影响不同技能劳动就业的传导过程和产生的就业效应进行分析，探讨中国产业结构升级在就业极化中发挥的作用。

第一节　中国产业结构升级的基本事实

产业结构升级与产业升级的概念有所差别。产业升级是指从全球价值链（GVC）视角实现产业由低技术、低附加值向高技术、高附加值的演变过程。产业结构升级是价值链升级或真正的产业升级的表现形式之一，不能把简单的结构调整当作真正的产业升级，而是注重产业所在行业的附加值，从附加值低的产业升级到附加值高的产业，产业升级才能得以实现。[①] 因此本书所讨论的产业结构升级是指从低技术向高技术转化的产业升级过程。

一　产业结构的发展现状

从三次产业增加值来看，如图 4－1 所示，第一产业产值处于快速下降状态，增加值占比从 1990 年的 26.6% 一直下降到 2017 年的 7.6%，下降幅度明显。第三产业处于快速上升态势，从 1990 年的 32.4% 波动上升到 2017 年的 51.9%，上升幅度明显，且第三产业增加值首次超过了 50%，在国民经济发展中起到重要作用。而第二产业在稳定中有所下降，尤其是从 2006 年开始，第二产业产值处于明显下降态势，从 2006 年的 47.6% 下降到 2017 年的 40.5%。

比较来看，2012 年之前第三产业增加值小于第二产业，2013 年开

① 陈羽、邝国良：《“产业升级”的理论内核及研究思路评述》，《改革》2009 年第 188 期，第 85—89 页。

始，第三产业超过第二产业成为中国比重最大的产业。1990 年以前更早的时间内，中国产业形成了“一二三”结构，2012 年之前的产业结构为“二三一”，2012 年之后的产业结构变为“三二一”。这表明，中国三次产业结构正从产业升级理论中的第二个阶段向第三个阶段发展。

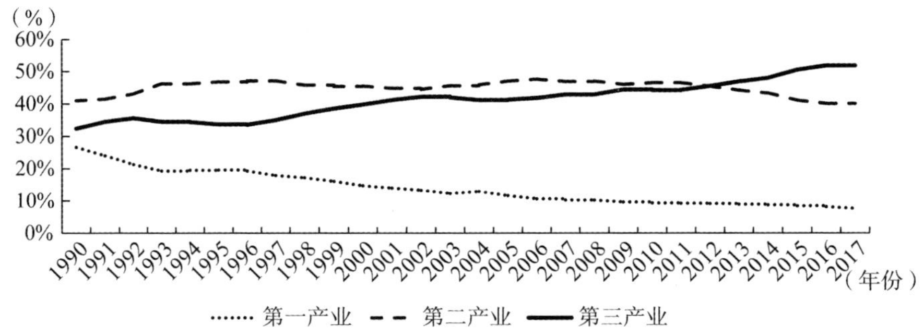

图 4-1　三次产业增加值比重（1990—2017 年）①

二　产业结构升级的发展阶段和特征

中国产业发展主要经历了四个发展阶段：改革开放前的产业发展、改革开放后到“入世”前的产业发展、“入世”后到 2012 年的产业发展、2013 年以来的产业发展。

（一）改革开放前的产业发展阶段（1949—1978 年）

新中国成立之初，中国工业基础薄弱并长期落后于西方发达国家，受到当时国际政治、经济等因素的影响，为了快速实现自立自强的目标，中国选择了以优先发展重工业为起点的赶超型经济发展战略。在计划经济体制下，通过人为压低资本、外汇、原材料、农产品和劳动等价格来降低重工业发展成本，以工农业剪刀差来支持重工业发展。“一五”计划要求建立的重工业涉及电力、煤炭、石油、钢铁、有色金属、化学、金属切削机床、发电、冶金、汽车、拖拉机、飞机等工业，这些工业建设项目填补了中国工业上的空白，快速建立起了中国

① 数据来源：历年《中国统计年鉴》。

工业体系的基础[1]。

在快速建立的重工业基础上，中国工业取得了较快的发展。如表4－1所示，从1952年开始，中国工业产值的占比不断上升，在1972年接近40%，到了1978年则接近50%。这表明中国赶超型发展战略取得了较显著的成果。从增速上来看，工业产值占比五年增长比例呈现先下降后上升的趋势。而1957年增速很快，这一年增速达到44.3%。

以重工业为发展起点的赶超式发展战略虽然在短期内实现了中国工业体系的建立和产值的增加，但这种战略也产生了较大的弊端。这一时期对钢铁产量的盲目追求使得经济体系发生了严重扭曲。重工业的发展存在两方面问题，一方面对数量而不是质量的追求，另一方面农业服务于重工业的制度安排导致农业发展受到极大限制。因此，赶超型战略的主导下形成的以重工业为主导的产业结构严重失衡。

表4－1　1952—1978年部分年份中国工业产值比重和增长率[2]

年份	比重（%）	增长率（%）
1952	17.6	—
1957	25.4	44.3
1962	28.3	11.4
1967	30.7	8.5
1972	39.3	28
1977	47.1	19.8
1978	48.2	2.3

（二）改革开放后到入世前的产业发展阶段（1979—2001年）

改革开放确立了中国以经济建设为中心的发展方向，逐渐破除计划经济在经济发展中的指导地位，并以建立社会主义市场经济体制为改革目标。在农业改革方面，实行了家庭联产承包责任制，制定了"交够国家的，留足集体的，剩下都是自己的"这种分配方式。同时，

① 林毅夫、蔡昉、李周：《中国的奇迹：发展战略与经济改革》，格致出版社、上海三联书店、上海人民出版社2014年版，第114—116页。

② 数据来源：历年《中国统计年鉴》。

取消人民公社体制，消除了对农村剩余的汲取。这些改革措施调动了广大劳动者的生产积极性，中国的劳动力优势充分发挥出来，农业生产也逐渐恢复正常，并成为中国劳动力转移的巨大“蓄水池”。在国有企业改革方面，首先扩大企业自主经营权，通过奖金、利润留成等方式激励企业家和职工的生产积极性；其次通过简政放权、改革税收制度和实行厂长责任制的方式激发企业活力，非国有企业则需要在市场中参与竞争。在外贸改革方面，不断推动外贸体制与市场相接轨；在金融改革方面，尝试引入市场机制、改革利率管理制度和信用制度以及培育金融市场。这一系列市场化改革的进步为市场经济体制的建立奠定了坚实基础，也为中国产业发展营造了良好的市场环境。

为了实现后发国家对先进国家的技术追赶，中国逐步放开外贸，并通过技术引进的方式发展本国工业和技术体系。根据自身国情，中国利用大量廉价劳动力的比较优势发展出口贸易，赚取外汇来购买技术。出口导向型战略为中国制造业发展创造了绝佳时机，也奠定了制造业在中国经济发展中的主导地位。制造业不仅开拓了海外贸易市场，也吸纳了大量农村剩余劳动力，推动了产业结构升级。

（三）入世后到2012年的产业发展阶段（2002—2012年）

2001年，中国经过长期努力加入了世界贸易组织，在世界贸易组织的规则下，中国对产业发展进行了深入的调整和改革，产业发展也进入了全新的阶段。这一时期制造业发展是产业升级的主题。首先，从制造业来看，经过长期的发展，制造业已经成为中国产业发展中最主要力量。其次，制造业促进了劳动力转移。劳动密集型产业对廉价劳动的需求巨大，吸引大量劳动力从农村向城镇转移。

在制造业快速发展过程中，金融危机的爆发让中国对产业发展进行了较大调整。制造业对国际市场的依赖导致出口受到严重影响，对此中国出台了相应的经济政策加以应对：一方面，推出4万亿元经济刺激计划稳定了整体经济；另一方面，转变出口导向型战略，降低出口贸易和增加内需在经济增长中的比重。这些措施为促进产业发展和经济稳定发挥了重要作用。

（四）全面深化改革背景下的产业发展阶段（2013年至今）

党的十八届三中全会确立了全面深化改革的指导思想，处理好政府与市场的关系，使市场在资源配置中起到决定性作用和更好发挥政府作用。同时，加快完善市场体系，建设统一开放、竞争有序的市场体系，必须加快形成企业自主经营、公平竞争，消费者自由选择、自主消费，商品和要素自由流动、平等交换的现代市场体系，着力清除市场壁垒，提高资源配置效率和公平性。

在此背景下，产业结构实现了从中低端向中高端升级。从产业产值来看，第三产业的产值从 2013 年开始成为比重最大的产业，2015 年第三产业比重超过了 50%；第二产业产值从 2013 年开始出现较大幅度下降。这些表明中国产业正在从“二三一”向“三二一”转变，产业结构升级态势明显。

第二节　产业结构升级影响就业极化的机制

产业结构升级伴随着劳动力的流动以及就业结构的变化。劳动力从农业部门向工业部门的流动会使得劳动生产率提升，劳动力在特定产业就业必须满足不同产业的劳动生产率要求。如果劳动者的生产率无法适应产业生产率的变化，那么这类技能的劳动者就会面临被淘汰；反之，则会留在相应产业中或升级到更高生产率要求的产业中。本节根据刘易斯、费景汉和拉尼斯提出的二元经济模型，分析产业结构升级影响不同技能劳动就业的机制。

一　产业结构升级理论

（一）刘易斯的二元经济模型

刘易斯在《劳动力无限供给条件下的经济发展》论文中提出了二元经济论。作者指出，发展中国家长期存在二元经济结构，在向发达经济体转变的过程中，二元经济结构会向一元经济结构转变。刘易斯的二元经济论有两个假设前提。前提一：一个经济体中存在传统和现代两个部门。传统部门以农业为代表，以传统生产方法进行生产，劳动力相对剩余，劳动者生产率和收入都很低；现代部门以工业部门为代表，以现代方法生产，劳动者生产率和收入都很高。前提二：劳动力无限供给。在发展中国家，劳动力资源十分丰富，这就确保了现代部门可以获得充足的劳动力供给。

农业部门和工业部门边际生产力的差异使得两部门从事劳动的工

资也存在差异。这种工资差异会促使农业部门剩余劳动力向工业部门转移以获得更高工资收入。在技术进步影响较小的情况下，只要农业部门还存在剩余劳动力，农业部门边际生产力就一直小于工业部门，从而农业部门劳动力工资也会一直小于工业部门劳动力工资，只要这种工资差距存在，农业部门剩余劳动力就会一直向工业部门转移，直到农业部门不存在剩余劳动力时，劳动力转移停止，二元经济转变成一元经济。

二元经济模型中的劳动力转移过程如图 4 -2 所示。农业部门剩余劳动力维持生计的工资 w_0 小于拥有较高劳动生产力的工业部门劳动力收入 w_1 。工资的差距使得工业部门可以吸纳大量从农业部门转移来的剩余劳动力。当工业部门从农业部门吸收了 L_0 数量的剩余劳动力时，工业部门的边际生产力为 A。由于此时农业部门还存在大量廉价剩余劳动力，还未转移到工业部门的劳动力工资水平依然是 w_0 ，而转移到工业部门的劳动力工资提升到了 w_1 。随着利润增加和规模扩张，工业部门通过技术改造使得边际生产力从 A 上升到 B，可以进一步吸收农业部门的剩余劳动力 L_1 用于生产。当工业部门边际生产力达到 C 时，农业部门的剩余劳动力 L_2 完全转移到工业部门时，劳动力转移过程结束，此时劳动力供给达到“刘易斯拐点”（c 点），最终农业部门没有了剩余劳动力，工业部门实现了扩张和发展。

然而，刘易斯的“二元经济模型”存在几个不足：农村部门剩余劳动力的无限供给条件在现实中是不存在的；工业部门也不存在对农业部门剩余劳动力的无限吸纳能力。在这种情况下，拉尼斯和费景汉对刘易斯的二元经济模型进行了完善。

（二）费景汉—拉尼斯的二元经济模型

针对刘易斯二元经济模型的不足，拉尼斯和费景汉将刘易斯二元经济模型中的劳动力转移过程分为三个阶段进行分析（图 4 -2）。第一个阶段，与刘易斯的劳动力转移过程类似，剩余劳动力从农业部门向工业部门转移（假设为 L_1 ）。农业转移的剩余劳动力边际生产力虽然很低但是为正，这些劳动力的转移必然降低农业部门产出，直到农业部门产出无法满足工业部门生产的需要，即达到了“短缺点”。这一阶段的农业部门的转移劳动力收入为制度工资 w_1 。第二个阶段，由于农业生产人数降低使得农业产品供给下降，工业部门开始帮助农业部门提升技术来提高农业部门产出。与此同时，工业部门继续吸纳农业剩余劳动力，直到剩余劳动力完全进入工业部门，即达到剩余劳动力供给转折点。此时农业劳动力工资依然保持为制度工资 w_1 。第三个阶段，由于农业产品已经达到转折点，剩余劳动力已经转移完成，工业的资本积累和技术水平使得工业继续扩张和需要吸纳更多劳动力。然而，继续减少农业劳动力会进一步降低农业产品供给，此时工业部门一方面不得不提高农业部门技术来增加农业产品供给，另一方面提高转移劳动力工资来吸引更多劳动力进入工业部门。那么，农业劳动力工资开始高于制度工资 w_1 ，并实现了与工业部门工资的同步增加。

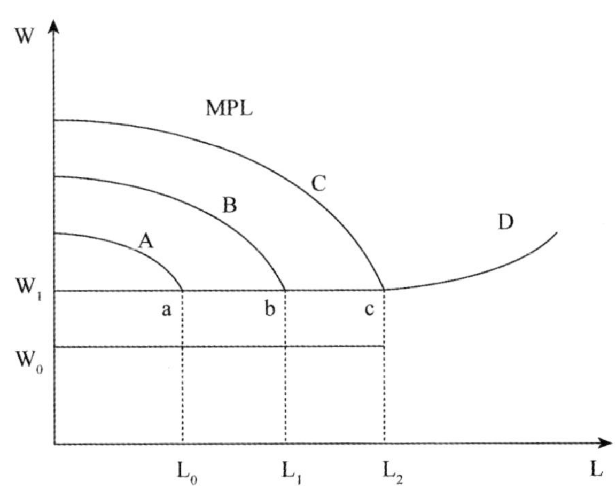

图4-2 刘易斯—费景汉—拉尼斯二元经济模型

（三）新古典经济增长理论

新古典经济学理论指出，经济增长受到人口增长和技术进步的影响。人口增长与技术进步的作用关系决定了劳动力市场的就业问题。人口增长与技术进步之间存在“补偿效应”和“替代效应”两种作用关系。技术进步提高了生产率，使得投入产出增加，从而带动了劳动收入上升以及社会需求上升，需求上升促使企业进一步扩大生产和增加劳动需求，从长期来看，经济增长可以完全吸纳所有劳动力，因此不存在失业问题。

二　资本积累对不同技能劳动需求的影响

新古典经济增长理论指出，经济增长受到资本积累、劳动力数量和质量、全要素生产率的影响。其中，技术进步与劳动力就业之间存在补偿效应和替代效应。补偿效应，是指技术进步会增加就业。技术进步提高了生产率，使得投入产出增加，从而带动了劳动收入上升以及社会需求上升，需求上升促使企业进一步扩大生产和增加劳动需求。替代效应，是指技术进步会降低就业。技术进步会提高职业的技能要求，使得不适应职业技能要求的劳动力失业。当产业通过增加资本投入来促进技术升级时，技术对劳动的替代作用就会大于补偿效应，从而引起失业。

劳动力在产业间的流动受到生产率差异的影响，而生产率差异取决于产业技术升级的速度。根据二元经济模型，劳动力从生产率较低的农业部门流向生产率较高的工业部门，尽管工业部门对生产率的要求高于劳动力自身的生产率，但是劳动力流动同样可以实现，原因就是两者的生产率差距较小。当产业技术升级速度较快时，工业部门的生产率提高幅度也很大，如果劳动力自身生产率增长缓慢，两者生产率差距较大，那么就会阻止低生产率的劳动力流向工业部门。

低技能劳动因生产率差距过大被阻止流向工业部门中生产率提高过快的行业。如果低技能劳动力供给充足，劳动力成本很低，由于生产率差距太大使得低技能劳动无法完成相关工作，因此，在劳动力供给充足和成本低的情况下，低技能劳动力依然无法向工业部门生产率提高过快的行业流动。如果低技能劳动力供给不足，那么劳动力成本将很高，在成本高和生产率低的情况下，工业部门很显然不会雇用这些劳动力。由于服务业的发展是建立在工业部门发展起来的基础上，所以低技能劳动不能在工业部门没有发展起来的情况下直接跨过工业部门流向服务业。因此，在技能要求相差不大的情况下，低技能服务业的劳动产出比农业劳动产出比高，一部分低技能劳动者直接跨过工业部门，直接流向服务业就业，促进了低技能劳动就业的上升。

中等技能劳动力就业受到产业结构升级引起的技能偏向型技术进步的影响。产业结构升级主要通过资本积累对技能偏向型技术的投资。产业在资本积累增加后会选择扩张，并在技术与劳动的成本和生产率之间做出选择。当技术生产率高于中等技能劳动且成本较低时，企业会选择利用资本投资技术来替代劳动。由于中等技能劳动集中在资本密集型产业，因此中等技能劳动就业因替代而下降。

对于高技能劳动而言，产业技术升级增加了高技能劳动需求，高技能劳动在技术升级的过程中就业率上升。另外，随着工业部门在经济增长中起到主导作用，服务业也开始发展。服务业包括低技能服务业和高技能服务业，以高技能服务业为主。一方面服务业对技能要求较高，另一方面服务业的要素投入产出高于工业部门，要素收入也高于工业部门，高技能劳动会向服务业流动。总之，一方面工业部门技术升级与高技能劳动互补，另一方面服务业吸引高技能劳动力，高技能劳动就业率不断上升。

三　人口增长对不同技能劳动供给的影响

人口增长作为外部因素通过劳动成本来影响劳动供给和就业结构变化。如果资本投资的增长速度可以保证劳动持续投入到生产过程中，即资本劳动比保持稳定，那么资本产出比就不会随着经济增长而变化。[①] 当资本的增速大于劳动供给增速，那么资本劳动比会上升，资本体现出对劳动的替代性；当资本增速小于劳动供给增速，资本劳动比会下降，劳动体现出对资本的替代性。

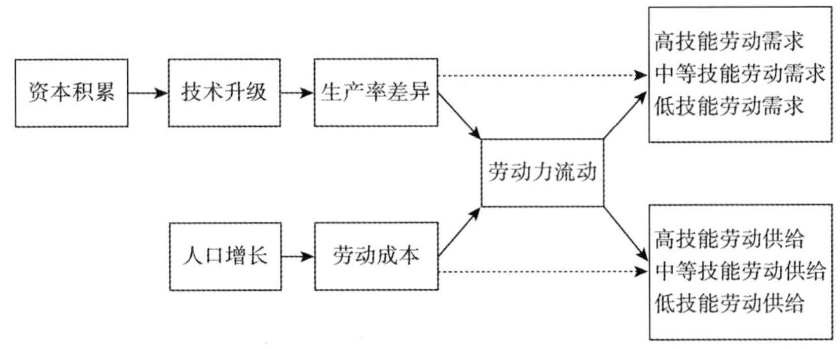

图4－3　产业结构升级对各类技能劳动就业的影响机制

① 张军：《改革开放以来中国的资本形成与经济增长：一些发现及其解释》，《世界经济论坛》2002年第1期，第18—31页。

当劳动力有剩余时，劳动工资和劳动成本较低，劳动力供给较多。由于资本劳动比上升导致了劳动需求下降，劳动供给大于需求，失业上升。当劳动力无剩余时，劳动工资和劳动成本较高，劳动力供给较少，劳动供给和劳动需求的大小不确定。

第三节 中国产业结构升级的就业效应

产业对劳动的需求随着各个产业的发展水平和产业发展阶段不断变化。随着产业的发展，就业结构中就业比重最大的产业会从第一产业向第二产业转移，并最终转向第三产业。不同产业对技能的要求也有所差异。第一产业主要是劳动密集型产业，产业投入产出比最低，对劳动生产率的要求也不高；第二产业主要是资本密集型产业，投入产出比相对较高，对劳动生产率的要求也较高；第三产业主要是知识或技术密集型产业，对劳动生产率的要求最高。

产业结构升级对劳动就业既有补偿作用，也有替代作用。首先，随着各个产业生产率的提升，产业产值不断上升，产业规模在资本积累推动下扩张，产业类型随之增加，需要更多劳动参与生产，从而促进就业率上升。其次，产业生产率差异以及规模扩张促使劳动在产业间流动，如果劳动生产率无法满足目标产业的生产率要求，或者被该产业技术升级替代，劳动会被技术替代。另外，稳定的产业资本劳动比会确保资本投资扩大时不断吸纳劳动力就业，当资本劳动比过高或增长过快时，劳动呈现被资本替代的趋势。① 与此同时，中国劳动力市场已经经历了刘易斯拐点，大量剩余劳动力带来的人口红利正在消失，劳动力供给放缓正成为产业结构升级面临的阻碍之一。② 20 世纪八九十年代快速的资本投资引起企业的技术选择偏向于资本，使得要素结构偏离正常轨道，资本对劳动的替代作用十分突出（张军，2002）。本节从就业弹性、就业偏离度和要素投入三个角度分析产业升级对就业的影响，并通过分析制造业内部资本与劳动的替代关系来分析资本积累在就业结构变化上起到的作用。

① 胡鞍钢：《中国就业状况分析》，《管理世界》1997 年第 3 期，第 36—54 页。

② 蔡昉：《人口转变、人口红利与刘易斯转折点》，《经济研究》2010 年第 4 期，第 4—13 页。

一　产业层面就业结构的变化特征

（一）产业层面就业结构的基本特征

从就业的增长来看（图4－4），第一产业长期处于就业下降趋势，第二产业和第三产业处于上升态势。第一产业从1990年的60.1%下降到2002年的50%，之后呈现了较快速的下降，从2002年的50%一直下降到2017年的27%。第二产业上升缓慢，从1990年的21.4%波动上升到2017年的28.1%，其中在2002年和2013年出现了两次小幅下降。第三产业就业上升速度较快，从1990年的18.5%上升到2017年的44.9%，增幅明显。从速度上来看，第一产业的下降速度和第三产业的上升速度较快，第二产业的上升速度比较缓慢。

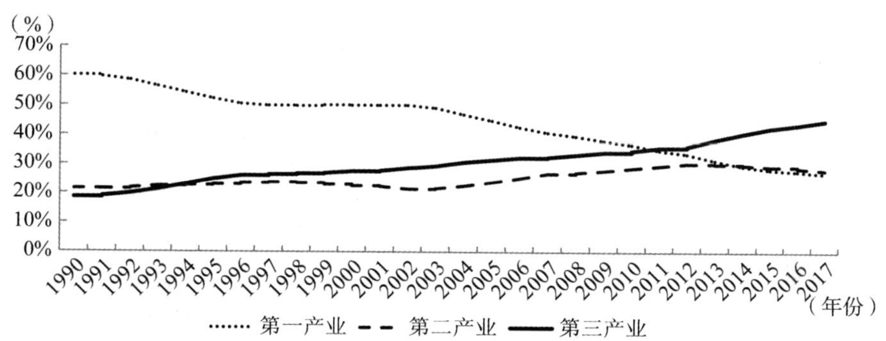

图4－4　三次产业就业比重（1990—2017年）①

从产业就业结构来看，三次产业就业比重经历了“一二三”“一三二”和“三二一”的转变。从1994年开始，第三产业对就业的吸纳能力超过了第二产业，并逐渐成为劳动力就业增长的主要产业。从1994年开始，农业下降后的就业不断转移到二、三产业。从2012年开始，第三产业就业比重超过了第一产业，并成为就业比重最大的产业。此后，第三产业对就业的吸纳能力不仅没有下降，反而有所上升。这一时期，由于第二产业就业出现了小幅下降，所有的就业增长都集中在了第三产业。这一时期的就业特征可能是由于农村劳动力直接从

① 数据来源：历年《中国统计年鉴》。

农业转移到了服务业，或者由于第二产业的劳动被替代后流动到了第三产业。

（二）就业弹性

就业弹性，是指单位产出变化引起的就业量变化。受到就业弹性的影响，经济增长不必然导致就业增长，[①] 也就是说，产出水平提高不必然引起就业总量的上升。就业弹性为正时，就业在经济增长中发挥正向作用，产出增加带来就业量上升；就业弹性为负时，就业在经济增长中发挥负向作用，产出增加却会引起就业量下降。就业弹性的公式为：

$$e = \frac{\Delta L}{L} / \frac{\Delta Y}{Y} \tag{4-1}$$

其中，e 为就业弹性，$\frac{\Delta L}{L}$ 为就业变化率，$\frac{\Delta Y}{Y}$ 为产出变化率。

1. 总体就业弹性

根据就业弹性公式计算绘制出改革开放以来就业增长率、就业弹性和 GDP 增速的变化趋势图（图 4－5）。整体上来看，改革开放以来的 38 年间，就业弹性处于下降趋势，从最高值 0.631 下降到 0.07，下降幅度十分明显。具体来看，就业弹性经历了两个阶段。第一个阶段，从 1979 年开始到 1990 年，就业弹性处于较高水平，同时伴随着巨大波动。其中，1981 年就业弹性达到最大值 0.631，此后开始波动下降。1989 年就业弹性又上升到第二大值 0.436，1990 年直线下降。第二个阶段，从 1991 年开始，就业弹性经历了较缓慢的下降过程，从 1991 年的 0.123 下降到 2017 年的 0.07。

与此同时，经济增长与就业增长表现出明显的不一致性，也就是说，中国经济保持快速增长的同时，却没有实现相同速率的就业上升。从趋势图可以看出，1979—2017 年，中国 GDP 增速在 8% 左右浮动，并保持在较高水平，然而就业增长率增长幅度与 GDP 增速差距逐渐拉大。这一现象的产生主要有四个原因。首先，资本投资对劳动产生了替代作用。从 1990 年开始，中国就业水平开始出现较为明显的下降，主要原因是中国企业进行了过度的资本投资，导致资本边际生产率开

① 龚玉泉、袁志刚：《中国经济增长与就业增长的非一致性及其形成机理》，《经济学动态》2002 年第 10 期，第 35—39 页。

始下降，引起经济增长放缓和就业下降。另外，中国大量传统劳动密集型企业开始使用资本，只有少量资本密集型企业雇用了劳动者，从而导致企业要素结构中资本对劳动的替代。其次，劳动生产率的提高使得企业降低了对劳动者的需求。中国企业的资本使用效率和劳动生产率在同时提高，经济发展方式从粗放式经济向集约型经济转变，企业不需要更多劳动者来从事生产。① 再次，技术进步使得企业在劳动力成本上升时选择技术替代劳动，既解决了成本问题，也提高了劳动生产率。最后，户籍制度、社会保障制度限制了劳动者的自由流动，使得部分农村劳动力无法在城市长期稳定地就业，甚至放弃进入城市就业。

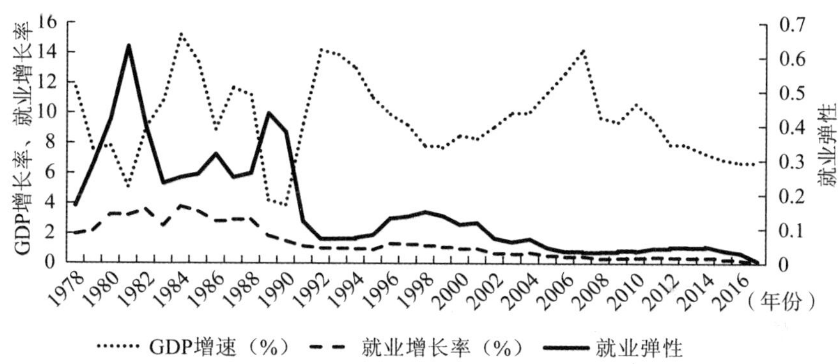

图 4－5　GDP 增速、就业增长率与就业弹性（1978—2017 年）②

2. 三次产业就业弹性

从就业弹性变化趋势来看，三次产业均呈现出下降趋势（图 4－6）。其中，第一产业就业弹性下降幅度最大，从 1979 年的 0.036 下降到 2017 年的－0.338，这种变化与农业劳动力转移有直接关系。劳动力从第一产业大量流向第二、三产业，第一产业成为主要的劳动力供给来源。第二产业和第三产业就业弹性下降较为缓慢，但波动幅度不大。

① 姚战琪、夏杰长：《资本深化、技术进步对中国就业效应的经验分析》，《世界经济》2005 年第 1 期，第 58—67 页。

② 数据来源：历年《中国统计年鉴》。

从大小来看，第三产业就业弹性长期高于一、二产业。第一产业就业弹性从1992年开始由正数变成负数，1997—2002年就业弹性转负为正。对于第二产业，就业弹性在个别年份出现了负数，其他年份则为正数。值得注意的是，从2013年开始，第二产业就业弹性变成负数，说明经济增长并没有带来该产业的就业上升，反而出现了就业下降的趋势。产生这种现象的原因可能是资本对劳动的替代，或者技术进步对制造业劳动者的替代作用。第三产业就业弹性始终为正数，说明第三产业在吸纳就业方面拥有巨大潜力。

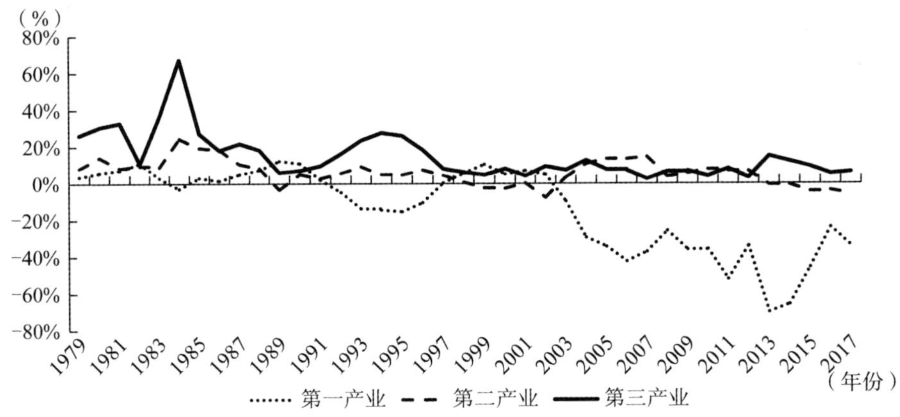

图4-6　三次产业就业弹性（1978—2017年）

3. 工业细分行业就业弹性

整体来看（图4-7），一方面，制造业①就业比重呈现缓慢上升趋势，尤其是从2008年开始，这种趋势逐渐放缓，就业比重也在缓慢增长，并从2014年开始逐渐下降；另一方面，制造业就业弹性从2008年开始出现波动下降趋势，部分年份如2001年、2011年、2015年和2016年的就业弹性则小于零，表明制造业就业在发展过程中被其他生产要素替代。制造业就业弹性在0—0.1之间波动，制造业发展对就业的拉动作用很小。与制造业相比，服务业就业弹性始终高于制造业就业弹性且波动较大。服务业就业弹性最大值高达0.4，服务业在吸纳

① 本书中的制造业是指工业中去除采矿业和电力、热力、燃气及水生产和供应业两类行业后其他所有细分行业的总称。

劳动力和拉动就业方面起到了决定性作用。服务业与制造业就业弹性始终存在较大差值，这种差值表明服务业比制造业在创造就业方面发挥更大作用。

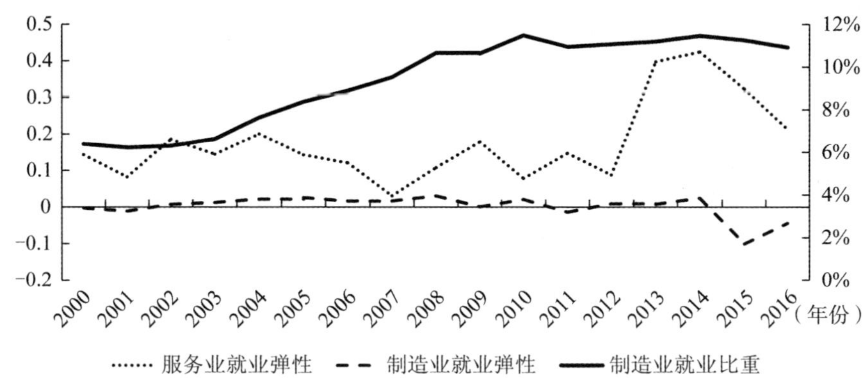

图4－7　制造业就业比重与就业弹性（2000—2016年）

从细分行业来看（表4－2），2000—2016年，工业中绝大多数高、中、低技术行业的就业弹性呈现出下降趋势，符合上文制造业就业创造效应减弱的特征。从2012年开始，少部分细分行业的就业弹性为负数，这些细分行业内的就业替代作用开始显现，2016年的替代作用最为显著，几乎所有细分行业的就业被其他要素替代，只有印刷和记录媒介复制业以及文教、工美、体育和娱乐用品制造业两个分行业在近十年发展过程中呈现出就业弹性缓慢增长的趋势。

总体而言，制造业与服务业就业弹性的变化特征受到产业结构转型升级的影响。制造业整体生产率不断提高，各类技术水平下的细分行业对劳动的需求不断下降，相应地，就业弹性也随之下降，产业逐渐由劳动密集型向资本密集型转变。制造业劳动需求的下降引起大量劳动力从制造业向服务业转移，带动了服务业就业水平上升。

表4-2　　　　　工业细分行业就业弹性（2000—2016年）①

	细分行业名称	2000	2004	2008	2012	2016
高技术行业	医药制造业	0	0.0369	0.0018	0.0017	0.0006
	计算机、通信和其他电子设备制造业	0.0042	0.1646	0.0119	0.0035	-0.002
	仪器仪表制造业	-0.015	0.0425	0.0013	-0.0011	-0.0001
	专用设备制造业	-0.0502	0.0879	0.0069	0.0016	-0.0012
中等技术行业	电气机械和器材制造业	-0.0177	0.1738	0.0105	0.0013	-0.0008
	交通运输设备制造业	-0.0304	0.0069	0.0086	0.0019	0.0003
	化学原料和化学制品制造业	-0.0322	0.1316	0.0066	0.0023	-0.0012
	化学纤维制造业	-0.0052	0.013	0	0.0001	0.0001
	通用设备制造业	-0.0616	0.1869	0.0097	-0.001	-0.0023
	橡胶和塑料制品业	-0.1785	0.0409	0.0013	0.0138	-0.0006
	石油加工、炼焦和核燃料加工业	-0.0026	0.018	0.0007	-0.0001	-0.0006
	非金属矿物制品业	-0.0452	0.3238	0.0067	0.0029	-0.0013
	黑色金属冶炼和压延加工业	-0.0277	0.0651	0.0012	0.0043	-0.0041
	有色金属冶炼和压延加工业	-0.0088	0.0388	0.0039	0.0007	-0.0007
	金属制品业	-0.0262	0.1445	0.0072	0.0034	-0.0017
	煤炭开采和洗选业	-0.2082	0.1013	0.0052	0.0005	-0.0048
	石油和天然气开采业	-0.0603	0.0114	0.0029	-0.0019	-0.0003
	黑色金属矿采选业	-0.048	0.0216	0.0016	0.0003	-0.0011
	有色金属矿采选业	-0.0373	0.0137	-0.0002	0.0001	-0.0006
	非金属矿采选业	-0.1143	0.0397	0.001	0	-0.0004

① 数据来源：历年《中国统计年鉴》。其中，2003年以前缺失工艺品及其他制造业、废弃资源和废旧材料回收价工业两个行业的数据，故没有纳入统计。工业细分行业中，除了采矿业（煤炭开采和洗选业、石油和天然气开采业、黑色金属矿采选业、有色金属矿采选业、非金属矿采选业）以及电力、热力、燃气及水生产和供应业（电力、热力生产和供应业、燃气生产和供应业、水的生产和供应业）外，其他细分行业都属于制造业。

续表

	细分行业名称	2000	2004	2008	2012	2016
低技术行业	农副食品加工业	-0.0263	0.1105	0.0067	0.0033	-0.0008
	食品制造业	-0.0241	0.0593	0.0026	0.0014	0
	酒、饮料和精制制造业	-0.0224	0.0368	0.0016	0.0012	-0.0004
	烟草制品业	-0.018	0.0001	0.0002	0	0.0001
	纺织业	-0.0336	0.2761	0.0034	-0.0058	-0.0029
	纺织服装、服饰业	-0.0059	0.2042	0.0059	0.0041	-0.002
	皮革、毛皮、羽毛及其制品和制鞋业	0.0049	0.1189	0.0022	0.0021	-0.002
	木材加工和木、竹、藤、棕、草制品业	-0.0404	0.0633	0.0033	0.0005	-0.0001
	家具制造业	-0.0361	0.0461	0.0017	0.0005	0.0002
	造纸和纸制品业	-0.0383	0.0768	0.0018	-0.0004	-0.0008
	印刷和记录媒介复制业	-0.0756	0.0464	0.0013	0.0012	0.0001
	文教、工美、体育和娱乐用品制造业	-0.011	0.0635	0.0018	0.0064	-0.0002
	电力、热力生产和供应业	-0.0021	0.0284	0.0003	0.0024	0.0008
	燃气生产和供应业	0	0.002	0.0003	0.0002	0.0002
	水的生产和供应业	0	0.0065	0.0003	0.0002	-0.0002

（三）就业结构偏离度

就业偏离度可以用来衡量产业结构与就业结构的协同性，即产值不同的产业与对应产业的就业偏离程度。公式如下：

$$P_i = \frac{Y_i}{L_i} - 1 \qquad (4-2)$$

其中，P_i 为产业结构和就业结构偏离度，Y_i 为产业 i 的产值比重，L_i 为产业 i 所对应的就业比重。

偏离度 P_i 越接近于0，代表某产业产值与其就业在结构上不存在偏差，具有较高的协同性；$P_i > 0$ 时，产业产值结构与其就业结构存在偏离，且数值越大偏离程度越大，这种偏离程度体现在同等劳动下的产值较高；当 $P_i < 0$ 时，产业产值结构与就业结构也存在偏离，且数

值绝对值越大表明偏离度越大，此时偏离程度体现在同等劳动下的产值较低。

1. 总体就业结构偏离度

如图 4 – 8 所示，中国三次产业的就业结构偏离度呈现出明显的下降趋势。其中，第一产业就业结构偏离度始终小于零，也就是说，第一产业在产值增加的同时，就业不增反降，符合第一产业劳动力向第二、三产业转移的特征。第二产业就业结构偏离度长期处于最高水平，表明第二产业在吸纳第一产业就业方面发挥了巨大作用。第三产业就业结构偏离度低于第二产业，说明第三产业还没有完全发挥其就业吸纳能力。从三次产业就业结构偏离度下降趋势可以看出，中国第二产业和第三产业就业结构偏离度逐渐趋近于零，表明中国第二、三产业发展与就业情况较符合。

第一产业就业结构偏离度为负数，即第一产业产值比重小于就业比重，表明农业产值较小且存在大量劳动力。1990 年以前，第一产业就业结构偏离度接近 –0.5，此时还未出现明显的劳动力转移，农村存在大量剩余劳动力。1990 年以后，该数值缓慢下降，考虑到农村剩余劳动力不断向城市转移，因此，这一时期第一产业产值比重在下降。

第二产业就业结构偏离度缓慢下降且高于第一产业和第三产业就业结构偏离度。1978—1987 年，第二产业就业结构偏离度快速下降。这一时期正值改革开放初期，中国开始转变产业发展战略，由过去的重工业向制造业方向转变，原有的重工业比重下降，新的劳动密集型制造业出现，这一过程的调整使得制造业产值增长放缓，同时吸纳了大量农村剩余劳动力，增加了就业比重，从而引起就业结构偏离度下降。1987—2003 年，第二产业就业结构偏离度长期稳定在 1 上下。经历了几年的调整，制造业体系逐步建立，产值随之上升，对农村剩余劳动力的需求也不断增加，制造业的扩张和产值的增加是维持就业不断上升的主要动力。这一时期表现为产值和就业比重同比例上升。2003—2016 年，第二产业就业结构偏离度开始缓慢下降，由最高点 1.8 逐渐下降到 2017 年的 0.4。受到 2001 年中国加入世界贸易组织的影响，第二产业劳动生产率不断提高，产值与就业之间的协调程度提高，制造业发展对就业的拉动作用逐渐增强。

由于长期以来中国主导产业为制造业，第三产业就业结构偏离度长期处于中等水平，服务业发展落后于制造业。同时，制造业与服务业就业结构偏离度几乎保持同步变动，表明制造业和服务业的劳动资源配置效率和劳动生产率水平也在同步变动。服务业从1978年的1下降到2017年的0.2，服务业的产值与就业协调程度逐渐提高，产值增长对就业的拉动作用不断增强。

总体而言，三次产业的就业吸纳能力均呈现下降趋势，第二产业仍然是吸纳就业最强的产业，其次是第三产业和第一产业。第一产业就业比重过大而产值比重较小，第二产业和第三产业的产值比重均大于就业比重。

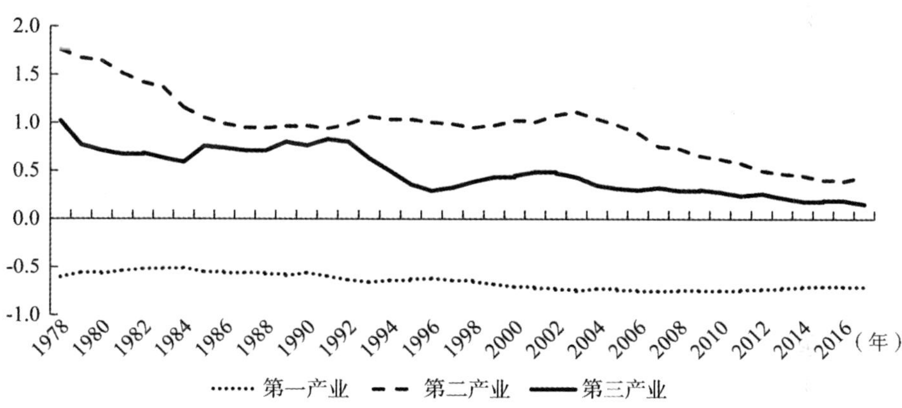

图4－8　三次产业就业结构偏离度（1978—2016年）

2. 制造业就业结构偏离度

按照第一章高、中、低技术水平划分标准来分析制造业细分行业就业结构偏离度，从而进一步分析高、中、低技术制造业吸纳不同技能劳动就业的情况。偏离度越小，行业产值增长与劳动就业增长越能均衡发展；如果偏离度较大，那么行业产值增长就不能有效拉动就业增长，就业增长也不能有效拉动产值增长，行业发展与就业增长之间处于非均衡发展状态。

具体而言，如图4－9所示，高技术行业就业结构偏离度下降幅度较大。2000—2003年，高技术行业就业结构偏离度变化不大。2003—2011年，偏离度大幅下降，并从2008年开始变成负数。2007年之前，高技术行业就业结构偏离度逐渐接近0，表明高技术行业发展中相应技能劳动可以为行业发展带来最大化的差值，劳动配置效率也更高。然而，2008—2016 年，就业结构偏离度由降到升，高技术行业的行业增长降低了技能劳动的配置效率，表明一定比重的劳动带来的产值比重不断下降。高技术行业就业结构偏离度处于中间水平，说明该行业中高技能劳动就业稳定，面临的失业压力最小。

中等技术行业就业结构偏离度从 2002 年开始快速上升后缓慢下降。2002—2008 年，中等技术行业就业结构偏离度快速上升，行业快速发展的同时，相同劳动比重带来的产值逐渐增加，产值增长对就业的拉动作用逐渐降低。2008—2016 年，相同劳动比重与其带来的产值比重逐渐靠近，中等技术行业的劳动配置效率符合产业发展实际。尽管如此，从 2005 年开始，中等技术行业的就业结构偏离度是最大的，行业的就业比重超过产值比重，因此中等技术行业的中等技能劳动者面临的失业压力是最大的。

低技术行业就业结构偏离度最小，行业产值比重小于就业比重，表明低技术行业拥有大量低技能劳动，与其他两类行业相比，低技能劳动者面临的失业压力也最大。低技术行业就业结构偏离度从 2005 年开始逐渐上升，低技能劳动的配置效率也逐渐提高。

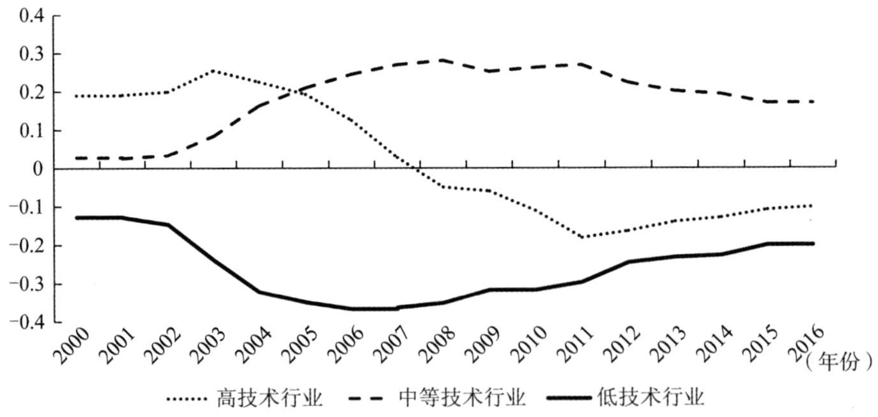

图 4-9　高、中、低技术行业就业结构偏离度（2000—2016 年）

二 产业要素投入

产业发展受到资本和劳动两种最主要因素的影响，中国制造业在扩张的同时，资本和劳动的投入量也在增加，那么资本和劳动的增速可以用来分析资本是否对劳动产生了替代作用。资本存量即当年固定资产净值，人均资本存量即人均固定资产净值。首先，根据价格指数对产值进行平减；其次，利用固定资产投资价格指数（上年 = 100）对每一年的固定资产净值进行平减。固定资产净值平减的公式为：

$$dA_t = dA_{t-1} + \frac{A_t - A_{t-1}}{I_t} \qquad (4-3)$$

其中，dA_t 为平减后的 t 年固定资产净值，dA_{t-1} 为平减后的 $t-1$ 年固定资产净值，A_t 为第 t 年当年价的固定资产净值，I_t 为第 t 年的固定资产投资价格指数（上年 = 100），t 为年份（t = 2001，2002…2016）。公式的含义是：平减后的某一年固定资产净值等于上一年平减后的固定资产净值，加上相应两年当年价固定资产净值的平减后差值。①

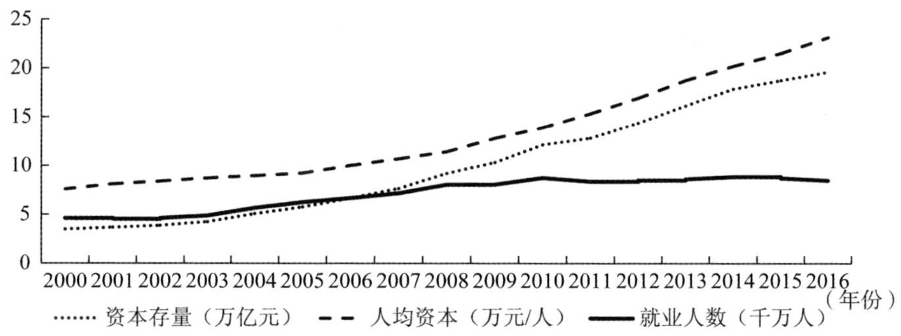

图 4 - 10 制造业资本存量、人均资本和就业人数（2000—2016 年）

如表 4 - 3 和图 4 - 10 所示，制造业资本存量、人均资本呈现增长态势，就业人数先增长后小幅下降。制造业资本存量从 2000 年的 34915.4 亿元增长到 2016 年的 196003.38 亿元，17 年间共增长了 4.6 倍。与此同时，制造业就业人数从 2000 年的 4606.28 万人增长到 2010

① 曲玥：《制造业产业结构变迁的路径分析——基于劳动力成本优势和全要素生产率的测算》，《世界经济文汇》2010 年第 6 期，第 66—78 页。

年的8732.03万人，之后该数值稳中有降，2000—2016年就业人数共增长了0.8倍。由于资本存量的快速增长和就业人数的缓慢增长，人均资本也呈现出较快速增长，2000—2016年人均资本共增长了2倍。从人均资本与就业人数的变化可以看出，制造业的资本投入逐渐增加，并成为推动制造业发展的重要因素。因此，大量的资本投入并没有带来制造业就业水平的上升，而是制造业就业水平的缓慢下降，资本投入对制造业劳动产生了替代作用。

表4-3 制造业资本存量、人均资本和就业人数（2000—2016年）①

年份	资本存量（亿元）	人均资本（万/人）	就业人数（万人）	年份	资本存量（亿元）	人均资本（万/人）	就业人数（万人）
2000	34915.40	7.58	4606.28	2009	103196.74	12.80	8060.38
2001	36704.64	8.10	4529.96	2010	121349.39	13.90	8732.03
2002	38766.26	8.40	4617.20	2011	128310.88	15.34	8363.04
2003	42577.10	8.72	4883.83	2012	143756.08	16.94	8488.30
2004	50780.91	8.96	5667.34	2013	161498.08	18.75	8613.56
2005	57637.33	9.22	6248.94	2014	178729.33	20.20	8849.87
2006	66670.98	10.00	6666.58	2015	187463.22	21.52	8710.93
2007	76668.03	10.69	7169.71	2016	196003.38	23.13	8472.26
2008	92006.12	11.43	8052.93	—	—	—	—

① 数据来源："固定资产投资价格指数"和"就业人数"来源于历年《中国统计年鉴》；"固定资产净值"来源于历年《中国工业经济统计年鉴》和《中国工业统计年鉴》。"人均资本"由"资本存量/就业人数"计算得出。

第五章

结论与政策建议

第一节　结论

对中国就业结构是否出现就业极化现象进行统计分析后发现，在2008—2017年，中国已经出现就业极化现象。就业极化现象主要表现为中等技能劳动就业比重不断下降，高、低技能劳动就业比重不断上升，从而引起了技能就业结构的变化。中等技能劳动主要集中在第二产业尤其是制造业，这与第二产业具有资本密集型特征有关。资本密集型产业需要借助资本购买引进技术设备来建立工业基础，因此对技术进步的发展更为敏感。第三次技术革命给制造业生产带来成本低、效率高的新技术，企业从成本和效率角度考虑，选择利用技术来替代劳动，尤其是中低技能的劳动，产生了技能偏向型技术进步，技能偏向型技术进步可以替代那些从事常规化任务的中等技能劳动，引起中等技能劳动就业比重不断下降。由于产业特征的差异，部分服务业对技能的要求不高，而收入也不比制造业收入低，因此被替代的中等技能劳动者会选择到服务业进行就业，从而带动了服务业就业率的增长。

另外，中国在建立工业体系和对外开放方面走的是一条比较优势战略下的技术引进路线。一方面，中国通过国际贸易将本国具有劳动力优势的成本低廉的产品出口到国外，赚取外汇来购买国外先进技术设备来发展本国工业体系。作为发展中国家，中国通过技术引进以较快的速度缩短了与发达国家的技术差距，但也引起了国内就业市场的变化。最直接的影响是，技术引进导致企业对劳动技能要求不断上升，从而增加了中国技能劳动需求，也降低了低技能劳动需求。另一方面，国际贸易通过离岸外包引起中国就业机构的变化。借助于中国在劳动力方面的优势，中国接收的离岸外包主要是制造业等中等技能劳动任务，中等技能劳动就业率上升。随着劳动力成本和劳动生产率上升，中国所接收的离岸外包业务集中在中高端的服务业，这些业务所需要的技术在发达国家属于中低端，但在中国却属于中高端，这就对中等技能劳动的生产率提出了较高要求，中等技能劳动者需要通过技能培训来获得较高技能来满足岗位要求，促进了高技能劳动就业率上升。

产业结构升级通过快速的资本投入对中等技能劳动产生了替代作用。制造业中等技术行业的就业带动作用最低，过快的资本投入引起了制造业中等技术行业从业者就业比重下降，从而促进了就业极化的产生。

第二节 政策建议

就业极化引起中国不同技能劳动就业比重发生变化。从就业极化的产生机制来看，就业极化中就业比重下降最大的是中等技能劳动。中等技能劳动主要集中在制造业行业，制造业是中国的优势产业，制造业从业者就业比重下降会影响中国在制造业的优势。但与此同时，制造业就业下降也是传统制造业向资本密集型转型以及技术进步的结果。然而，被替代的中等技能劳动需要进行再就业，那么劳动力流动、技能培训、教育质量等诸多方面都需要有相应的配套措施。针对就业极化产生的就业结构问题，本书提出相应的政策建议，来确保中国就业市场结构转换与经济增长、产业发展相适应。

一 加快提升教育质量，提升高、中、低技能劳动技能和供给

就业极化给不同技能劳动者的就业产生了不同的影响，中低技能劳动者在就业极化过程中处于失业风险，高技能劳动者则在就业极化过程中处于较为有利的位置。尽管如此，随着产业升级的进一步加快，市场对高技能劳动的需求也在加大，因此需要通过提升教育质量向市场提供更多高技能劳动。

（一）提高高等教育质量促进各类技能劳动技能提升

技能偏向型技术进步的发展促进了高技能劳动需求的大幅上升，如果高技能劳动不能向市场提供充足的供给，那么企业、产业和经济

增长将受到极大的限制。2018 年联合国人类发展报告（Human Development Reports）指出，2017 年中国平均受教育年限仅为 7.8 年，全球排名第 118 位[①]，显然这一排名与中国第二大经济体的地位不相符。另外，虽然中国大学不断扩招，但是接受高质量教育的人群不足以支撑中国的快速发展对高技能劳动的需求。其中，中国留学生人数也是中国高技能劳动供给的重要来源。2017 年出国留学人数首次突破 60 万人，达到 60.84 万人，继续保持世界最大留学生来源国地位。值得注意的是，同年回国服务的人数达到了 48.09 万人，其中获得硕士及以上学历人员达到 22.74 万人[②]，这些高技能人才为中国提供了优质人力资源。尽管如此，留学生人群依然无法弥补中国在高技能劳动方面的缺口。因此，必须在扩大研究型留学生人数的同时，加强本国教育质量的提升。此外，由于中国剩余劳动力供给出现短缺，中低技能劳动供不应求，同样需要加强大中专教育来提高中低技能劳动供给。

首先，继续增加教育投入，改善高等教育环境和质量。高等教育的教学和科研需要投入大量资金来购买设备和向高端人才提供优厚待遇，较高的教育投入是高质量教学和研究成果的保障。一方面，加大对顶尖高校的财政支持力度，提高实验器材数量和质量，加大人才引进力度。同时继续扩大留学生比例，支持留学生到国内急需、国外领先的学科领域学习和深造，并以优厚待遇吸引学成人员回国就业，为国内市场提供具有全球视野的高端人才。另一方面，加大对大中专院校的财政支持力度，扩大其办学规模，提高考核标准，不断提高大中专院校培养中等技能人才的实力。

其次，加快教育体制改革。尽管中国已经投入了大量资金在教育层面，也取得了不错的成绩，但是仍然有较大的上升空间。中国大学培养出的高端人才无法满足市场需求，一些领域的人才国内目前还没有培养能力，只能引进留学归国人员。巨大的教育投入之所以没有取得应有的教育质量和教育成果，与教育系统中存在的行政级别制度、人才评价制度以及其他一些配套制度有很大关系。教育体制改革需要

① 联合国开发计划署（UNDP）：《人类发展指数和指标（2018）》，http：//hdr. undp. org/sites/default/files/2018_ human_ development_ statistical_ update. pdf。

② 教育部：《2017 年出国留学、回国服务规模双增长》，2018 年 3 月 30 日，http：//www. moe. gov. cn/jyb_ xwfb/gzdt_ gzdt/s5987/201803/t20180329_ 331771. html。

从体制入手，在行政管理、教师科研人员管理、学生培养等方面入手，逐步改善教育环境，为培养具有国际水准的人才提供良好的教育环境。

最后，逐渐消除教育不均等问题。教育不均等出现在各个教育阶段。对大学教育来说，受到地理位置、可获得资源、所在地经济发展水平以及人力资本储备的影响，一些偏远地区大学无法配备齐全教学和实验设备，高校教师外流也较为严重。当地经济发展还需要本地受教育者来完成，大学教育会间接影响当地经济发展和就业。在经济发展和产业结构升级中，受到大中专和高中教育的人群被技术和资本替代的数量较大，由于学校缺乏一定的资金和资源，这些劳动者难以享受到高质量的技能培训。因此，亟须通过行政手段将部分教育资源向中西部地区大学、科研机构和职业技术学校倾斜，支持其根据自身优势和现有条件吸纳更多当地学生学习知识和技能，保障当地高、中、低技能劳动的供给。

（二）加强职业技能培训促进中、低技能劳动技能提升

当前中国出现的“技工荒”现象是农民工群体自身技能无法满足产业升级带来的更高技能要求。产业升级和技术进步一方面阻止了技能较低的劳动者进入该岗位，另一方面对技能提升较慢的劳动者产生了替代作用。数据显示，中国技术工人约7000万人，低技能工人占比60%，中等技能工人占比35%，高技能工人占比仅5%。另外，外出务工的农民工群体中，没有接受过任何形式的专业技能培训的占比为51.1%，并且文化程度越低的劳动者接受的教育培训比例也越低。文盲半文盲、小学文化、初中文化、高中文化和中专以上文化程度农民工群体接受技能培训的比例分别为26.3%、35.5%、48%、54.8%和62.5%。[①] 在技术冲击背景下，这些没有通过职业技能培训及时更新升级自身技能的劳动者将面临失业风险。不仅如此，技能培训对失业的劳动者而言是再就业的重要途径，既可以通过努力实现由中等技能职业向高技能职业跨越，也可以由制造业转向服务业。

在劳动力供给不足的情况下，通过职业技能培训提高劳动的技能水平可以有效满足市场对技能要求更高、层次更多样化的需求。首先，

---

① 曾湘泉、李晓曼：《破解结构矛盾　推动就业质量提升》，《中国高等教育》2013年第Z2期，第22—25页。

完善职业教育体系。在招生方面严格把关，从专业知识和技术操作两方面考核学生培训资格。其次，学校与企业共同合作提高职业培训质量。企业根据自身需求为学校学生提供实习机会、实习场地，学校则负责专业理论学习，校企共同努力，培养具有市场导向性的中等技能劳动。最后，建立严格的职业技能资格认证机制，提高技能证书含金量，在提高劳动技能水平的同时，也吸引更多学生参加职业技能培训。[①]

（三）着力缓解劳动力市场技能错配，扩大各类技能劳动力供给

需要从专业设置和调整制度角度解决低技能劳动技能低和高技能劳动技能无法满足市场需求的问题。当前，中国高等教育的专业设置和招生数量与市场需求脱节严重，而目前又无法快速调整专业设置来满足市场需求。因此，专业设置制度的调整应该以市场需求为导向，赋予科研院校更大的自主权，根据市场需求变化有针对性地调整专业设置和招生人数，为市场及时提供所需技能和数量的劳动者。

二　深化国际贸易，加快技术进步进程

国际贸易下的技术引进使中国短时间内缩短了与发达国家的技术和经济差距，同时也深刻影响了中国产业结构和就业结构。中国优先发展具有比较优势的劳动密集型产业来扩大出口，承接大量国外制造业离岸外包业务，很长一段时间里，中国劳动密集型产业是全球制造业的主导力量。随着中国劳动力成本上升和产业升级，中国劳动密集型产业逐渐向资本密集型转变，劳动力优势逐渐失去，中国承接的离岸外包内容也逐渐从过去的低端制造业务向中高端服务业务转移，带动中高技能水平劳动就业率上升。中国的巨大市场使得国内生产要素不能满足生产要求和市场需求，必须通过扩大国际贸易来获取和利用全球生产要素。

首先，继续扩大技术引进，实现技术升级换代和产业升级。尽管中国引进了大量国外先进技术，但是很多技术与国外最先进的技术设备差了好几代。长期以来，高端数控机床、芯片、元器件等产品是中国的弱项，相关技术被国外严格封锁。因此，当前来看，只有通过购

① 复旦大学、清华大学：《中国劳动力市场技能缺口研究》，2016 年，第 217—218 页。

买国外技术促进生产设备更新换代，提高产业生产率，推动产业升级和就业结构转变。

其次，通过国际投资获取国外先进技术，带动国内企业技术提升和就业率上升。中国的跨国企业通过海外并购和设立子公司等方式获得国外技术，提升企业技术和扩大业务范围，增加国内就业需求。

最后，快速的技术发展和产业升级也使得国内对高端人才需求缺口逐年扩大，逆向外包正在中国的跨国企业中出现并吸引了一些国际人才流向国内就业，这也是中国企业向高水平迈进所面临的人才短缺问题。只有通过继续扩大对外开放、优化国际贸易结构，利用本国巨大市场需求吸引国外高级生产要素，弥补国内高端劳动力和技术缺口，推动国内创新型经济发展。[1]

三　加快产业结构升级，优化劳动力资源配置

中国产业结构升级的过程充分利用了人口红利和资本投资两种要素，在人口红利逐渐消失的过程中，不断扩大的资本投资对劳动产生了替代作用，导致了经济不断放缓。与此同时，中国产业结构也发生了实质变化，第三产业的就业比重不断上升，就业结构正在向“三二一”结构转变。这种转变以劳动密集型产业就业萎缩、资本密集型产业就业比重增加为特征，服务业的就业比重不断上升并逐渐成为吸纳就业的主要部门。三次产业在不同发展阶段所吸纳就业的作用有所差异，这就需要中国加快产业结构升级，让劳动力要素根据自身技能水平在不同部门间重新配置，发挥其最大的价值。

大力扶持高新技术产业发展。高新技术产业是带动产业结构升级的重要推动力，代表了国家最高技术水平。高技术产业发展可以促进中国高技能人才培养和就业，当前中国产业价值链在全球价值链中长期处于中低端位置，因此必须加快产业结构升级，大力发展高新技术产业，进一步提升第二产业的生产率，从而带动各类产业内劳动力流动和劳动技能提升。

逐步增加工业制造业中的劳动比重、降低资本比重。由于资本投

---

① 刘志彪：《机遇内需的经济全球化：中国分享第二波全球化红利的战略选择》，《南京大学学报》（哲学·人文科学·社会科学版）2012 年第 2 期，第 51—59 页。

入在制造业占据较大比重，引起了资本对劳动的替代和经济增长放缓，因此需要逐步降低资本投入比重，适当扩大劳动投入。具体而言，应该将资本从资本密集型行业转移出来，引导资本向劳动密集型制造业转移，加大对中低技能要求的行业扶持力度，增加就业吸纳能力。

积极引导和发展服务业，促进中、低技能劳动就业。服务业既包括高技能行业，如金融、信息咨询等，也包括低技能行业，如护理、保洁等。产业政策可适当向当前社会所需要的方向引导服务业发展，不断降低服务业准入门槛，吸纳农村转移劳动力和被替代的中等技能失业劳动力。大力发展服务业还可以有效缓解低技能劳动者面临的工资不平等问题。

另外，通过大力扶持中小企业发展来吸纳更多就业。中小企业是就业的主要载体，也是市场活力的主体，通过一系列财税政策、产业政策等激励措施，扩大中小企业的生存空间；不断深化市场化改革，让市场在资源配置中起到决定性作用，政府逐渐转变为服务者角色，释放市场活力，为中小企业营造良好的营商环境和竞争环境；培育各类技术层级的中小企业，完善要素价格调节机制，让各类技能劳动都可以选择与之技能和要素价格相匹配的岗位。

四　加快户籍制度和社会保障制度改革，促进劳动力自由流动

中国人口红利正逐渐消失，与此同时，中国的比较优势产业正从劳动密集型产业向资本密集型和知识密集型产业转变。随着产业结构的转移，产业的生产率不断提高，劳动生产率也在提高。在劳动力供给逐渐放缓的背景下，为了提升经济增速而采取的过度投资导致资本边际生产率递减，经济增速不增反降。为了实现资本报酬增加和经济的快速增长，一方面需要降低资本投资的比重，另一方面需要扩大劳动在生产中的比重，通过稳定和扩大劳动力供给来增加劳动在生产要素中的比重。

当前，阻碍劳动力在生产部门间流动的重要因素之一是户籍制度，户籍制度带来的流动成本不仅阻碍了农民工向城市流动的意愿，也提高了企业的劳动力成本。流动成本包括农民工能否与城市居民同等地享受到社会保障、子女教育、失业保障等公共服务。户籍制度让从事中低端制造业和服务业的劳动者无法融入城市生活和享受到城市的福

利待遇，持续稳定的劳动力供给也就无法保障。因此，需要逐渐放开户籍制度，加快农民工市民化身份转变，保障每位农民工有平等权利和机会在城市生活和享受城市带来的便利，加快劳动力流动，降低企业雇用成本，促进产业升级和经济增长。

从地域来看，在产业结构升级过程中，产业需要从沿海向内陆转移，需要吸引大量高技能人才到内陆工作，这些都需要劳动力能够自由流动，户籍制度和社会保障制度则可以降低劳动力的生活担忧。只有打破劳动力流动壁垒，才能实现产业升级和技术进步与人力资本供应相一致。

对企业而言，企业进行技术改造会对中等技能和无法适应新技术的劳动产生替代，这些劳动力会选择回乡或者留在其他部门工作。户籍制度和社会保障制度的改革可以让这些暂时失业的劳动力选择继续留在城市工作，从而避免了部分劳动力反流。

五 完善社会保障制度，缩小技能间的收入差距

技能偏向型技术进步背景下，企业借助新技术替代中等技能劳动参与生产，雇用更多高技能劳动使用和生产新技术设备，高技能劳动收入随着生产率提高而快速上升，中等技能劳动就业水平因失业或在低生产率的行业再就业而降低，技能偏向型技术进步对高技能劳动生产率的促进作用不断增强，技能和非技能劳动工资报酬也进一步扩大。由此可见，低技能劳动者尤其是农民的总体文化技术素质相对较低是其收入低的重要原因。[①] 因此，有必要实施收入再分配政策，缩小技能和非技能劳动收入差距。一方面，通过税收政策将收入再分配到低技能劳动者手中，增加其货币收入。另一方面，通过改革社会福利制度向劳动者提供廉租房、医疗保险、养老保险来降低其生活成本，从而避免收入差距进一步扩大。

① 赵振华：《当前中国农民工收入分析》，《党政干部学刊》2009 年第 5 期，第 35—38 页。

参考文献

［美］保罗·R. 克鲁格曼、茅瑞斯·奥伯斯法尔德：《国际经济学：理论与政策（第八版）（上册　国际贸易部分）》，中国人民大学出版社 2011 年版。

［美］约瑟夫·熊彼特：《经济发展理论》，何畏、易家详等译，商务印书馆 1990 年版。

GB/T 4754—2017：《国民经济行业分类》，中国标准出版社 2017 年版。

Penn World Table：https：//www. rug. nl/ggdc/productivity/pwt/.

《2016 年度软件和信息技术服务业产业发展概况》，2017 年 7 月 5 日，中国软件行业协会，http：//www. csia. org. cn/content. jsp？ id = 4028813e5d0c7791015d10c89e0d0060&classid = 65f7ba61756d4235982d9a5f32117e4a. 2017. 7. 5。

《2017 年出国留学、回国服务规模双增长》，2018 年 3 月 29 日，教育部网站（http：//www. moe. gov. cn/jyb _ xwfb/gzdt _ gzdt/s5987/201803/t20180329_ 331771. html）。

《2017 年农民工监测调查报告》，2018 年 4 月 27 日，国家统计局（http：//www. stats. gov. cn/tjsj/zxfb/201804/t20180427 _ 1596389. html. 2018. 04. 27）。

蔡昉：《人口转变、人口红利与刘易斯转折点》，《经济研究》2010 年第 4 期。

陈晓玲、连玉君：《资本—劳动替代弹性与地区经济增长——德拉格兰德维尔假说的检验》，《经济学（季刊）》2012 年第 1 期。

陈羽、邝国良：《“产业升级”的理论内核及研究思路评述》，《改革》

2009 年第 188 期。
成艾华、敖荣军、韦燕生：《中国工业行业技能偏向型技术变化的实证检验》，《中国人口·资源与环境》2012 年第 5 期。
戴天仕、徐现祥：《中国的技术进步方向》，《世界经济》2010 年第 1 期。
董直庆、蔡啸：《技术进步技能偏向性与技能溢价：一个理论模型和经验解释》，《求实学刊》2013 年第 4 期。
董直庆、蔡啸、王林辉：《技能溢价：基于技术进步方向的解释》，《中国社会科学》2014 年第 10 期。
董直庆、王芳玲、高庆昆：《技能溢价源于技术进步偏向性吗?》，《统计研究》2013 年第 6 期。
董直庆、王林辉、袁礼：《不同类型技术进步对技能劳动的冲击效应及其非对称性检验》，《数理统计与管理》2015 年第 4 期。
都阳、贾朋、程杰：《劳动力市场结构变迁、工作任务与技能需求》，《劳动经济研究》2017 年第 3 期。
复旦大学、清华大学：《中国劳动力市场技能缺口研究》，2016 年。
龚玉泉、袁志刚：《中国经济增长与就业增长的非一致性及其形成机理》，《经济学动态》2002 年第 10 期。
国家统计局：《1981 年中国经济年鉴（简编）》，经济管理出版社 1982 年版。
国家统计局：《高技术产业（服务业）分类》，2018 年 5 月 9 日，国家统计局网站（http://www.stats.gov.cn/tjsj/tjbz/201805/t20180509_1598315.html，2018-05-09）。
国家统计局：《高技术产业（制造业）分类》，2013 年 10 月 30 日，国家统计局网站（http://www.stats.gov.cn/statsinfo/auto2073/201310/P020131030586078312159.pdf，2013-10-30）。
郝璐：《中国对外贸易制度研究》，博士学位论文，吉林大学，2017 年。
郝楠：《我国劳动力极化问题研究》，博士学位论文，安徽大学，2016 年。
郝楠、江永红：《谁影响了中国劳动力就业极化?》，《经济与管理研究》2017 年第 5 期。
胡鞍钢：《中国就业状况分析》，《管理世界》1997 年第 3 期。

黄先海、刘毅群：《物化性技术进步与我国工业生产率增长》，《数量经济技术经济研究》2006 年第 4 期。

黄先海、徐圣：《中国劳动收入比重下降成因分析——基于劳动节约型技术进步的视角》，《经济研究》2009 年第 7 期。

吉亚辉、祝凤文：《技术差距、“干中学”的国别分离与发展中国家的技术进步》，《数量经济技术经济研究》2011 年第 4 期。

江永红、张彬、郝楠：《产业结构升级是否引致劳动力“极化”现象》，《经济学家》2016 年第 3 期。

江永红、张彬、郝楠：《产业结构升级是否引致劳动力“极化”现象》，《经济学家》2016 年第 3 期。

李宏兵、郭界秀、翟瑞瑞：《中国企业对外直接投资影响了劳动力市场的就业极化吗?》，《财经研究》2017 年第 6 期。

李宏兵、郭界秀、翟瑞瑞：《中国企业对外直接投资影响了劳动力市场的就业极化吗?》，《财经研究》2017 年第 6 期。

历年《中国企业并购市场回顾与展望》，普华永道，www. pwccn. com。

林毅夫、蔡昉、李周：《中国的奇迹：发展战略与经济改革》，格致出版社、上海三联书店、上海人民出版社 2014 年版。

林毅夫、张鹏飞：《后发优势、技术引进和落后国家的经济增长》，《经济学（季刊）》2005 年第 1 期。

刘兰：《偏向性技术进步、技能溢价与工资不平等》，《经济纵横》2013 年第 2 期。

刘志彪：《机遇内需的经济全球化：中国分享第二波全球化红利的战略选择》，《南京大学学报》（哲学·人文科学·社会科学版）2012 年第 2 期。

卢晶亮：《城镇劳动者工资不平等的演化：1995—2013》，《经济学（季刊）》2018 年第 4 期。

陆铭、高虹、佐藤宏：《城市规模与包容性就业》，《中国社会科学》2012 年第 10 期。

陆雪琴、文雁兵：《偏向型技术进步、技能结构与溢价逆转——基于中国省级面板数据的经验研究》，《中国工业经济》2013 年第 10 期。

陆雪琴、章上峰：《技术进步偏向定义及其测度》，《数量经济技术经济研究》2013 年第 8 期。

吕世斌、张世伟：《中国劳动力“极化”现象及原因的经验研究》，《经济学（季刊）》2015 年第 2 期。

牛蕊：《国际贸易对工资与就业的影响：中国工业部门的经验研究》，博士学位论文，南开大学，2009 年。

曲玥：《制造业产业结构变迁的路径分析——基于劳动力成本优势和全要素生产率的测算》，《世界经济文汇》2010 年第 6 期。

屈小博、程杰：《中国就业结构变化：“升级”还是“两极化”?》，《劳动经济研究》2015 年第 1 期。

任志成、张二震：《承接国际服务外包的就业效应》，《财贸经济》2008 年第 6 期。

邵敏、刘重力：《出口贸易、技术进步的偏向性与我国工资不平等》，《经济评论》2010 年第 4 期。

沈春苗：《逆向外包与技能偏向性技术进步》，《财经研究》2016 年第 5 期。

宋冬林、王林辉、董直庆：《技能偏向型技术进步存在吗？——来自中国的经验证据》，《经济研究》2010 年第 5 期。

宋冬林、王林辉、董直庆：《资本体现式技术进步及其对经济增长的贡献率（1981—2007）》，《中国社会科学》2011 年第 2 期。

王林辉、董直庆：《资本体现式技术进步、技术合意结构和我国生产率增长来源》，《数量经济技术经济研究》2012 年第 5 期。

吴敬琏：《当代中国经济改革》，中信出版社 2017 年版。

吴可明、王平杰：《大学毕业生与农民工工资趋同的经济学分析》，《中国人口科学》2010 年第 3 期。

杨飞：《技能偏向性技术进步与劳动力市场极化》，博士学位论文，南开大学，2013 年。

杨飞：《劳动禀赋结构与技能偏向性技术进步——基于技术前沿国家的分析》，《经济评论》2013 年第 4 期。

姚先国、周礼、来君：《技术进步、技能需求与就业结构——基于制造业微观数据的技能偏态假说检验》，《中国人口科学》2005 年第 5 期。

姚战琪、夏杰长：《资本深化、技术进步对中国就业效应的经验分析》，《世界经济》2005 年第 1 期。

袁江、张成思：《强制性技术变迁、不平衡增长与中国经济周期模型》，《经济研究》2009 年第 12 期。

曾湘泉、李晓曼：《破解结构矛盾　推动就业质量提升》，《中国高等教育》2013 年第 Z2 期。

张车伟：《营养、健康与效率——来自中国贫困农村的证据》，《经济研究》2002 年第 1 期。

张军：《改革开放以来中国的资本形成与经济增长：一些发现及其解释》，《世界经济论坛》2002 年第 1 期。

张月友、方瑾：《逆向外包驱动力的实证研究》，《中国地质大学学报》（社会科学版）2018 年第 5 期。

张月友、刘丹鹭：《逆向外包：中国经济全球化的一种新战略》，《中国工业经济》2013 年第 5 期。

赵晓华：《基于能力构建的我国技术赶超问题研究》，博士学位论文，云南大学，2016 年。

赵振华：《当前中国农民工收入分析》，《党政干部学刊》2009 年第 5 期。

赵志耘、吕冰洋、郭庆旺、贾俊雪：《资本积累与技术进步的动态融合：中国经济增长的一个典型事实》，《经济研究》2007 年第 11 期。

Acemoglu, Daron and David Autor, "Skills, Tasks and Technologies: Implications for Employment and Earnings", *NBER Working Paper*, No. 16082, 2010.

Acemoglu, Daron and Simon Johnson, "Unbundling Institutions", *Working Paper*, No. 03 – 29, Department of Economics, MIT, 2003.

Acemoglu, Daron and Zilibotti, Fabrizio, "Productivity Differences", *The Quarterly Journal of Economics*, Vol. 116, No. 2, 2001, pp. 563 – 606.

Acemoglu, Daron, Gino Gancia, and Fabrizio Zilibotti, "Offshoring and Directed Technical Change", *Working Paper*, No. 12 – 25, 2012.

Acemoglu, Daron, Philippe Aghion, and Giovanni L. Violante, "Deunionization, Technical Change and Inequality", *Carnegie – Rochester Conference Series on Public Policy*, Vol. 55, 2001, pp. 229 – 264.

Acemoglu, Daron, Simon Johnson, and James A. Robinson, "Institutions as A Fundamental Cause of Long – Run Growth", Chapter 6 in "*Hand-*

book of Economic Growth" Part A, Vol. 1, 2005, pp. 385 –472.

Acemoglu, Daron, Simon Johnson, and James A. Robinson, "Reversal of Fortune: Geography and Institutions in the Making of the Modern World Income Distribution", *Working Paper*, No. 01 –38, Department of Economics, MIT, 2001.

Acemoglu, Daron, Simon Johnson, and James A. Robinson, "The Colonial Origins of Comparative Development: An Empirical Investigation", *The American Economic Review*, Vol. 91, 2001, pp. 1369 –1401.

Acemoglu, Daron, "Changes in Unemployment and Wage Inequality: An Alternative Theory and Some Evidence", *Working Paper*, No. 96 – 15, Department of Economics, Massachusetts Institute of Technology, 1996.

Acemoglu, Daron, "Directed Technical Change", *The Review of Economic Studies*, Vol. 69, No. 4, 2002, pp. 781 –809.

Acemoglu, Daron, "Equilibrium Bias of Technology", *Working Paper*, No. 05 –30, Department of Economics, Massachusetts Institute of Technology, 2005.

Acemoglu, Daron, "Good Jobs versus Bad Jobs", *Journal of Labor Economics*, Vol. 19, 2001, pp. 1 –21.

Acemoglu, Daron, "Labor – and Capital – Augmenting Technical Change", *Journal of the European Economic Association*, Vol. 1, No. 1, 2003, pp. 1 –37.

Acemoglu, Daron, "Patterns of Skill Premia", *Review of Economic Studies*, 70 (2003): 199 –230.

Acemoglu, Daron, "Technical Change, Inequality, and the Labor Market", *Journal of Economic Literature*, XL, 2002, pp. 7 –72.

Acemoglu, Daron, "Why do New Technologies Complement Skills? Directed Technical Change and Wage Inequality", *Working Paper*, No. 97 – 15, Department of Economics, Massachusetts Institute of Technology, 1997.

Adermon, Adrian, and Magnus Gustavsson, "Job polarization and taskbiased technological change: Sweden, 1975 – 2005", *Working Paper*, No. 2011: 15, Department of Economics, Uppsala University, 2011, http: //nbn - resolving. de/urn: nbn: se: uu: diva - 159302.

Aghion, Philippe and Howitt Peter, "A Model of Growth through Creative Destruction", *MIT Working Paper*, No. 527, 1989.

Aghion, Philippe and Peter Howitt, "A Model of Growth Through Creative Destruction", *Econometrica*, Vol. 60, 1992, pp. 324 - 351.

Antonczyk, Dirk, Thomas De Leire, and Bernd Fitzenberger, "Polarization and Rising Wage Inequality: Comparing the U. S. and Germany", *Discussion Paper*, No. 10 - 015, 2010.

Auor, David H. and David Dorn, "The Growth of Low Skill Service Jobs and the Polarization of the US Labor Market", *Discussion Paper Series*, Forschungsinstitut zur Zukunft der Arbeit, No. 7068, 2012.

Autor, David H., David Dorn, and Gordon H. Hanson, "Untangling Trade and Technology: Evidence from Local Labor Markets", *NBER Working Paper*, No. 18938, 2013.

Autor, David H., Dorn David, and Gordon H., "The China Syndrome: Local Labor Market Effects of Impact Competition in the United States", *American Economic Review*, 103 (2013): 2121 - 2168.

Autor, David H., Frank Levy, and Richard J. Murnane, "The Skill Content of Recent Technological change: an Empirical Exploration", *The Quarterly Journal of Economics*, 118 (2003): 1279 - 1333.

Autor, David H., Lawrence F. Katz, and Melissa S. Kearney, "The Polarization of the U. S. Labor Market", *NBER Working Paper*, No. 11986, 2006.

Autor, David H., Lawrence F. Katz, and Melissa S. Kearney, "Trends in U. S. Wage Inequality: Re - Assessing the Revisionists", *NBER Working Paper*, No. 11627, 2005.

Autor, David H., "The 'Task Approach' to Labor Markets: An Overview", *Journal for Labour Market Research*, Vol. 46, 2013, pp. 185 - 199.

Autor, David H. and David Dorn, "How Technology Wrecks the Middle Class", *The New York Times*, 2013 - 08 - 24, https://opinionator. blogs. nytimes. com/2013/08/24/how - technology - wrecks - the - middle – class/, August 24, 2013.

Autor, David H. and David Dorn, "Inequality and Specialization: The Growth of Low – Skill Service Jobs in the United States", *IZA Discussion Paper*, No. 4290, 2009.

Autor, David H. and David Dorn, "This Job is Getting Old: Measuring Changes in Job Opportunities Using Occupational Age Structure", *IZA Discussion Papers*, No. 3970, http://nbn – resolving. de/urn: nbn: de: 101: 1 – 2009021091.

Autor, David H. and Dorn David, "The Growth of Low – Skill Service Jobs and the Polarization of the US Labor Market", *American Economic Review*, Vol. 103, No. 5, 2003, pp. 1553 – 1597.

Autor, David, H., Katz, Lawrence F., and Krueger, Alan, B., "Computing Inequality: Have Computers Changed the Labor Market?", *The Quarterly Journal of Economics*, Vol. 113, No. 4, 1998, pp. 1169 – 1213.

Baltagi, Badi H. and Daniel P. Rich, "Skill – Biased Technical Change in U. S. Manufacturing: A General Index Approach", *IZA Discussion Paper*, No. 841, 2003.

Barany, Zsofia and Christian Siegel, "Job Polarization and Structural Change", *Sciences Po Economics Discussion Papers*, No. 2015 – 07, 2015.

Bartel, Ann P. and Frank R. Lichtenberg, "The Comparative Advantage of Educated Workers in Implementing New Technology", *The Review of Economics and Statistics*, LXIX, 1987, pp. 1 – 11.

Bartel, Ann P. and Frank R. Lichtenberg, "The Comparative Advantage of Educated Workers in Implementing New Technology", *The Review of Economics and Statistics*, LXIX, 1987.

Beaudry, Paul, David A. Green, and Benjamin M. Sand, "The Great Reversal in the Demand for Skill and Congnitive Tasks", *NBER Working Paper*, No. 18901, 2013.

Bell, Brain D., "Skill – Biased Technical Change and Wages: Evidence from a Longitudinal Data Set.", Institute of Economics & Statistics, University of Oxford, 1996, https://www.nuff.ox.ac.uk/economics/papers/1996/W25/computer.pdf.

Berman, Eli, John Bound, and Stephen Machin, "Implications of Skill – Biased Technological Change: International Evidence", *The Quarterly Journal of Economics*, Vol. 113, 1998, pp. 1245 – 1279.

Berman, Eli, John Bound, and Zvi Griliches, "Changes in the Demand for Skilled Labor within U. S. Manufacturing: Evidence from the Annual Survey of Manufactures", *The Quarterly Journal of Economics*, Vol. 109, 1994, pp. 367 – 397.

Berman, Eli, Rohini Somanathan, and Hong W. Tan, "Is Skill – Biased Technological Change here yet?: Evidence from Indian Manufacturing in the 1990's", *World Bank Policy Research Working Paper*, No. 3761, 2005.

Bhagwati, Jagdish N., *A Stream of Windows: Unsettling Reflections on Trade, Immigration, and Democracy*, Cambridge, Mass: The MIT Press, 1998: 3 – 28.

Bhagwati, Jagdish, Arvind Panagariya, and T. N. Srinivasan, "The Muddles over Outsourcing", *Journal of Economic Perspectives*, Vol. 18, 2004, pp. 93 – 114.

Bisello, Martina, "Job Polarization in Britain from a Task – Based Perspective. Evidence from the UK Skills Surveys", *Department of Economics and Management*, *University of Pisa Discussion Papers*, No. 160, revised version, 2013, http: //www. dse. ec. unipi. it/index. php? id = 52.

Blanchard, Olivier and Justin Wolfers, "The Role of European Unemployment: the Aggregate Evidence", *The Economic Journal*, Vol. 110, 2000, pp. C1 – C33.

Blinder, Alan S., and Alan B. Krueger, "Alternative Measures of Offshorability: A Survey Approach", *NBER Working Paper*, No. 15287, 2009.

Blinder, Alan S., "How Many US Jobs Might be Offshorable?", *World Economics*, 10 (2009): 41 – 78.

Blinder, Alan S., "Offshoring: Big Deal, or Business as Usual?", *CEPS Working Paper*, No. 149, 2007.

Blinder, Alan S., "Offshoring: The Next Industrial Revolution?", *Foreign Affairs*, Vol. 85, 2006, pp. 113 – 128.

Bloom, Nicholas, Draca, Mirko, Van Reenen, and John, "Trade Induced Technical Change? The Impact of Chinese Imports on Innovation, IT and Productivity", *NBER Working Paper*, No. 16717, 2011.

Bockerman, Petri, Seppo Laaksonen, and Jari Vainiomaki, "Are Jobs More Polarized in ICT Firms?", *IZA Discussion Paper*, No. 9851, 2016.

Bockerman, Petri, Seppo Laaksonen, and Jari Vainiomaki, "Is there Job Polarization at the Firm Level?", School of Management, University of Tampere, Finland, *Working Paper*, No. 91, 2013.

Brainard, S. Lael and David A. Riker, "Are U. S. Multinationals Exporting U. S. Jobs?", *NBER Working Paper*, No. 5958, 1997.

Bresnahan, Timothy F., "Computerization and Wage Dispersion: An Analytical Reinterpretation", *The Economic Journal*, Vol. 109, 2001, pp. 390 - 415.

Bresnahan, T. F., Brynjolfsson, E., and Hitt, L. M., "Information Technology, Workplace Organization, and the Demand for Skilled Labor: Firm - Level Evidence", *The Quarterly Journal of Economics*, Vol. 117, 2002, pp. 339 - 376.

Btatti, Massimiliano and Nicola Matteucci, "Is There Skill - Biased Technological Change in Italian Manufacutring? Evidence from Firm - Level Data", *Quaderni Di Ricerca*, No. 202, Dipartimento Di Economia, Universita Politecnica Delle Marche, 2004.

Böckerman, Petri, Seppo Laaksonen, and Jari Vainiomäki, "Is there job polarization at the firm level?", *Working Paper*, No. 91, School of Management, University of Tampere, Finland, 2013.

Böhm, Michael Johannes, "The Price of Polarization: Estimating Task Prices under Routine - Biased Technical Change", *IZA Discussion Papers*, No. 11220, 2017.

Card, David, "The Effect of Unions on the Structure of Wages: A Longitudinal Analysis", *Econometrica*, Vol. 64, 1996, pp. 957 - 979.

Charles Kennedy, "Induced Bias in Innovation and the Theory of Distribution", *The Economic Journal*, Vol. 74, 1964, pp. 541 - 547.

Coellia, Michael and Jeff Borlandb, "Job polarisation and earnings inequality in Australia", *Economic Record*, Vol. 92, 2016, pp. 1 - 27.

Cortes, Guido Matias, Nir Jaimovich, and Henry E. Siu, "Disappearing Routine Jobs: Who, How, and Why?", *NBER Working Paper*, No. 22918, 2016.

Cortes, Guido Matias, Nir Jaimovich, Christopher J. Nekarda, and Henry E. Siu, "The Micro and Macro of Disappearing Routine Jobs: A Flows Approach", *NBER Working Paper*, No. 20307, 2014.

Cortes, Guido Matias, "Where Have the Middle – Wage Workers Gone? A Study of Polarization Using Panel Data", *Journal of Labor Economics*, Vol. 34, 2016, pp63 – 105.

Cortes, Guido M., "Where Have the Middle – Wage Workers Gone? A Study of Polarization Using Panel Data", *Journal of Labor Economics*, Vol. 34, 2016, pp. 63 – 105.

Crino, Rosario, "Service Offshoring and White – Collar Employment", *The Review of Economic Studies*, Vol. 77, No. 2, 2010, pp. 595 – 632.

Crinò, Rosario, "Service Offshoring and White – Collar Employment", *The Review of Economic Studies*, Vol. 77, 2010, pp. 595 – 632.

David, Paul A., Klundert, and Th. van de, "Biased Efficiency Growth and Capital – Labor Substitution in the U. S., 1899 – 1960", *The American Economic Review*, Vol. 55, No. 3, 1965, pp. 357 – 394.

Dinardo, John, Nicole M. Fortin, and Thomas Lemieux, "Labor Market Institutions and the Distribution of Wages, 1973 – 1992: A Semiparametric Approach", *Econometrica*, Vol. 64, 1996, pp. 1001 – 1044.

Dossani, Rafiq and Martin Kenney, "The Next Wave of Globalization: Relocating Service Provision to India", *Industry Studies Association Working Papers*, WP – 2006 – 02, 2006.

Ebenstein, Avraham, Ann Harrison, Margaret McMillan, and Shannon Phillips, "Estimating the Impact of Trade and Offshoring on American Workers Using the Current Population Surveys", *Policy Research Working Paper*, No. 5750, The World Bank Development Economics Vice Presidency, 2011.

Egger, Hartmut and Peter Egger, "International Outsourcing and the Productivity of Low – skilled Labor in the EU", *WIFO Working Paper*,

No. 152, 2001.

Feenstra, Robert C. and Gordon H. Hanson, "Foreign Investment, Outsourcing and Relative Wages", *NBER Working Paper*, No. 5121, 1995.

Feenstra, Robert C. and Gordon H. Hanson, "Globalization, Outsourcing, and Wage Inequality", *The American Economic Review*, Vol. 86, 1996, pp. 240 - 245.

Feenstra, Robert C. and Gordon H. Hanson, "The Impact of Outsourcing and High - Technology Capital on Wages: Estimates for the United States, 1979 - 1990", *The Quarterly Journal of Economics*, Vol. 114, 1999, pp. 907 - 940.

Fei, J. C. H. and Ranis, G., "Development of The Labor Suplus Economy: Theory and Policy", Richard D. Irwin, Homewood, IL, 1964.

Firgo, Sergio, Nicole M. Fortin, and Thomas Lemieux, "Occupational Tasks and Changes in the Wage Structure", *Discussion paper series* // Forschungsinstitut zur Zukunft der Arbeit, No. 5542, http://nbn - resolving. de/urn: nbn: de: 101: 1 - 201104133571.

Fonseca, Tiago, Francisco Lima, and Sonia C. Pereira, "Job polarization, technological change and routinization: evidence for Portugal", *Labour Economics*, Vol. 51, 2018, pp. 317 - 339.

Freeman, Richard B., *The Overeducated American*, New York: Academic Press, 1976.

Gancia, Gina and Fabrizio Zilibotti, "Chapter 3: Horizontal Innovation in the Theory of Growth and Development", *Handbook of Economic Growth*, Part A, Vol. 1, 2005, pp. 111 - 170.

Gerschenkron, Alexander, *Economic Backwardness in Historical Perspective*, The Belknap Press of Harvard University Press, 1962.

Goldin, Claudia and Lawrence F. Katz, "Technology, Skill, and the Wage Sturcture: Insights from the past", *The American Economic Review*, *Papers and Proceedings of the Hundredth and Eighth Annual Meeting of the American Economic Association San Francisco*, CA, Vol. 86, 1996, pp. 252 - 257.

Goos, Maarten and Alan Manning, "Lousy and Lovely Jobs: the Rising

Polarization of Work in Britain", *Review of Economics and Statistics*, Vol. 89, 2007, pp. 118 – 133.

Goos, Maarten and Alan Manning, "Lousy and Lovely Jobs: the Rising Polrarization of Work in Britain", *Review of Economics and Statistics*, Vol. 89, 2007, pp. 118 – 133.

Goos, Maarten, Alan Manning, and Anna Salomons, "Explaining Job Polarization: Routine – biased Technological Change and Offshoring", *American Economic Review*, Vol. 104, 2014, pp. 2509 – 2526.

Goos, Maarten, Alan Manning, and Anna Salomons, "Explaining Job Polarization: The Roles of Technology, Offshoring and Institutions", *Center for Economic Studies Discussion Paper Series* (*PDS*) 11.34, 2011. http://www.econ.kuleuven.be/ces/discussionpapers/default.htm.

Goos, Maarten, Alan Manning, and Anna Salomons, "Job Polarization in Europe", *Papers and Prceedings of the One Hundred Twenty – First Meeting of the American Economic Association*, Vol. 99, 2009, pp. 58 – 63.

Goos, Maarten, Anna Salomons, and Marieke Vandeweyer, "Job Polarization During the Great Recession and Beyond", *KU Leuven Euoforum*, No. 1425, 2013.

Grossman, Gene M. and Elhanan Helpman, "Quality Ladders and Product Cycles", *The Quarterly Jounal of Economics*, Vol. 106, 1991, pp. 557 – 586.

Grossman, Gene M. and Esteban Rossi – Hansberg, "The Rise of Offshoring: It's not wine for Cloth anymore", Proceedings – Economic Policy Symposium – Jackon Hole, *Federal Reserve Bank of Kansas City*, 2006, pp. 59 – 102.

Grossman, Gene M. and Esteban Rossi – Hansberg, "Trading Tasks: A Simple Theory of Offshoring", *American Economic Review*, Vol. 98, 2008, pp. 1978 – 1997.

Habakkuk, H. J., *American and British Technology in the Nineenth Century: Search for Labor Saving Inventions*, Cambridge University Press, 1962.

Harrigan, James and Reshef Ariell, "Skill Biased Heterogeneous Firms, Trade Liberalization, and the Skill Premium", *NBER Working Paper*,

No. 17604, 2011.

Harrison, Ann and Margaret McMillan, "Offshoring Jobs? Multinationals and U. S. Manufacturing Employment", *Review of Economics and Statistics*, Vol. 93, 2011, pp. 857 – 875.

Harrison, Ann and Margaret McMillan, "Offshoring, international trade, and American workers", *NBER Reporter Online*, (2011): 8 – 11, http: //hdl. handle. net/10419/61971.

Harrison, Ann and McMillan Margaret, "Offshoring, International Trade, and American Workers", *NBER Reporter Online*, Vol. 4, 2011, pp. 8 – 11.

Heyman, "Job Polarization, Job Tasks and the Role of Firms", *IFN Working Paper*, No. 1123, 2016.

Hicks J. R., *The Theory of Wages*, Palgrave Macmillan, Second Edition, 1963.

Hijzen, Alexander, Holger Görg, and Robert C. Hine, "International Outsourcing and the Skill Structure of Labour Demand in the United Kingdom", *IZA Discussion Paper Series*, No. 1249, 2004.

Holzer, Harry, "Job Market Polarization and U. S. Worker Skills: A Tale of Two Middles", *Economic Studies*, The Brookings Institution, 2015, https: //www. brookings. edu/wp – content/uploads/2016/06/polarization_ jobs_ policy_ holzer. pdf.

Jaimovich, Nir and Henry E. Siu, "The Trend is the Cycle: Job Polarization and Jobless Recoveries", *NBER Working Paper*, No. 18334, 2012.

Jaimovich, Nir and Henry E. Siu, "The Trend is the Cycle: Job Polarization and Jobless Recoveries", *NBER Working Paper*, No. 18334, 2012.

Jerbashian, Vahagn, "Automation and Job Polarization: On the Decline of Middling Occupations in Europe", *UB Economics Working Papers*, No. 348, 2016.

Jerbashian, Vahagn, "Automation and Job Polarization: On the Decline of Middling Occupations in Europe", *Universitat de Barcelona Economics Working Papers*, No. 2016/348, 2016.

Jung, Jaewon and Mercenier Jean, "Routinization – Biased Technical

Change, Globalization and Labor Market Polarization: Does Theory Fit the Facts?", *TEPP Working Paper*, No. 2011 – 10, 2010.

Jung, Jaewon, and Jean Mercenier, "Routinization – Biased Technical Change, Globalization and Labor Market Polarization: Does Theory Fit the Facts?", HAL Id: halshs – 00856105, 2010, https://halshs.archives – ouvertes.fr/halshs – 00856105.

Katz, Lawrence F. and Kevin M. Murphy, "Changes in Relative Wages, 1963 – 1987: Supply and Demand Factors", *The Quarterly Journal of Economics*, Vol. 107, 1992, pp. 35 – 78.

Keller, Wolfgang, and Hâle Utar, "International Trade and Job Polarization: Evidence at the Worker – Level", *NBER Working Paper*, No. 22315, 2016.

Kruger, Alan B., "How Computers Have Changed the Wage Structure: Evidence from Microdata, 1984 – 1989", *The Quarterly Journal of Economics*, Vol. 108, 1993, pp. 33 – 60.

Kruger, Alan, "How Computer Have Changed the Wage Structure: Evidence from Microdata, 1984 – 1989", *Quarterly Journal of Economics*, Vol. 108, 1993, pp. 33 – 60.

Lewin K. and Furlong, S., "1st Bi – annual Offshore Survey Results", Duke Center for International Business Education and Research (CIBER) and Archstone Consulting, 2005.

Lewis, W. A., "Economic Development with Unlimited Supply of Labor", *The Manchester Schoool of Economic and Social Studies*, Vol. 22, 1954, pp. 139 – 191.

Machin, Stephen and John Van Reenen, "Technology and Changes in Skill Structure: Evidence from Seven OECD Countries", *The Quarterly Journal of Economics*, Vol. 113, 1998, pp. 1215 – 1244.

Machin, Stephen and John Van Reenen, "Technology and Changes in Skill Structure: Evidence from Seven OECD Countries", *The Quarterly Journal of Economics*, Vol. 113, 1998, pp. 1215 – 1244.

Macías, Enrique Fernández, "Job Polarization in Europe? Changes in the Employment Structure and Job Quality, 1995 – 2007", *Work and Occu-*

pations, XX (X) 1 -26, 2012.

Manning, Alan, "We Can Work It Out: The Impact of Technological Change on the Demand for Low - Skill Workers", *CEP Discussion Paper*, No. 640, 2004.

Medina, Carlos A. and Christian M. Posso, "Technical Change and Polarization of the Labor Market: Evidence for Colombia, Brazil and Mexico", Banco De La Republica, Colombia, Borradores de, *Economia*, No. 614, 2010.

Moore, Mark P. and Priya Ranjan, "Globalisation vs Skill - Biased Technological Change: Implications for Unemployment and Wage Inequality", *The Economic Journal*, Vol. 115, 2005, pp. 391 -422.

Nahuis, Richard and Henri L. F. de Groot, "Rising Skill Premia You ain't Seen Nothing yet?", *Discussion Paper Series* 03 - 02, Tjalling C. Koopmans Research Institute, 2003.

Nahuis, Richard and Henri L. F. de Groot, "Rising Skill Premia You ain't Seen Nothing yet?", *Discussion Paper Series* 03 -02, Utrecht School of Economics, Tjalling C. Koopmans Research Institute, 2003.

Oesch, Daniel and Jorge Rodriguez Menes, "Upgrading or Polarization? Occupational Change in Britain, Germany, Spain and Switzerland, 1990 - 2008", *Socio -Economic Review*, Vol. 9, 2010, pp. 1 -29.

Oldenski Lindsay, "Offshoring and the Polarization of the U. S. Labor Market", *I LR Review*, 67 (Supplement) (2014): 734 -761.

Oldenski, Lindsay, "Offshoring and the Polarization of the U. S. Labor Market", *ILR Review*, No. 67, Supplement 2014, pp. 734 -761.

Romer, Paul M., "Endogenous Technological Change", *The Journal of Political Economy*, Vol. 98, 1990, pp. 71 -102.

Romer, Paul M., "Technological Change", *Journal of Polotical Economy*, Vol. 98, No. 5, 1990, pp. S71 - S102.

Rothbarth, E., "Causes of the Superior Efficiency of U. S. A. Industry as Compared with British Industry", *The Economic Journal*, Vol. 56, 1946, pp. 383 -390.

Samuelson, Paul A., "A Theory of Induced Innocation along Kennedy -

Weisacker Lines", *The Review of Economics and Statistics*, Vol. 47, 1965, pp. 343 –356.

Sato, Ryuzo and Morita Tamaki, "Quantity or Quality: The Impact of Labor – Saving Innovation on US and Japanese Growth Rates, 1960 –2004", *Japanese Economic Review*, Vol. 60, No. 4, 2009, pp. 407 –434.

Sen, P., "India and China Start Reverse Outsourcing of Foreign Pilots to Counter Shortages", http://www.indiadaily.com/editorial/3997.asp, 2005. Solow, Robert M., *Investment and Technical Progress*, in K. Arrow, S. Karlin and P. Suppes, eds., *Mathematical Methods in the Social Sciences*, *Stanford*, CA: Stanford University Press, 1959.

Solow, "Technical Change and the Aggregate Production Function", *The Review of Economics and Statistics*, Vol. 39, No. 3, 1957, pp. 312 –320.

Telbadi, Edinaldo and Bruce Elmslie, "Institutions, Innovation and Economic Growth", *MPRA Paper*, No. 9683, 2008.

Violante, Giovanni L., *Skill – Biased Technical Change*, The New Palgrave Dictionary of Economics, Palgrave Macmillan, London, 2008.

索　　引

后　记

毕业之际，回首过往的求学之路，充满了艰辛与喜悦。从中国矿业大学地质工程专业本科毕业后，我便踏入了中央党校研究生院学习，并开始了长达六年的求学之路。在这六年的求学时光里，环境优美的自得园为我留下了深刻而美好的印象，这里既有师恩的谆谆教诲，也有同学间的挚友之情，这些美好的事物和真挚的情感记录了我的成长轨迹。在博士研究生毕业之际，思绪万千，感激之情溢于言表。

首先，感谢我的导师赵振华教授。2016 年夏天，我很荣幸地成为赵老师门下的一名学生。赵老师不仅学术造诣深厚，而且为人谦和，他就像一位父亲一样时刻教导我并为我指明前进的方向，赵老师的耳提面命、悉心指导让我茁壮成长。读博期间，百忙中的赵老师丝毫没有放松对我专业理论学习的指导和写作能力的锻炼。在老师的严格要求和指导下，我的理论功底和写作能力得到大幅度提升。在博士毕业论文写作过程中，赵老师投入了更多的心血。从论文选题、开题、写作、修改到最终的答辩，赵老师无时无刻不在为我的学术之路把脉。赵老师时刻提醒我们，做科研要以问题为导向，注重严谨性和创新性，赵老师的谆谆教诲让我受益匪浅。在论文修改过程中，赵老师从论文的框架、研究方法、语言逻辑、字句甚至标点符号等方面都提出了细致且中肯的修改意见，经过多次修改，论文终于得以完成。赵老师的为人与治学之道深刻影响着我，让我在未来的道路上走的更加坚实。

其次，感谢求学路上给予我帮助的师长、同学和朋友们。感谢中央党校经济学教研部李鹏教授和我的硕士生导师史妍嵋教授在学术、生活和实践上给予的悉心指导和无私帮助，让我不断成长；感谢辅导员田小琳老师在博士三年的亲切教导；感谢赵振华老师门下的各位同门、韦力等硕士同门以及中央党校马克思主义理论博士朱鹏华师兄在诸多方面的鼓励、支持与帮助，让我开拓了视野、增长了见识；最后，还要感谢穆朗峰等2016级普博三支部的所有同学，三年友谊弥足珍贵，生活在一个充满温暖的集体，让我度过了充实而欢乐的博士生活。

最后，感谢我的家人。家人是我精神和生活上的坚强后盾，父母的默默付出与谆谆教导让我在人生道路上走的更加坚实，妹妹的关心与帮助让我倍感温暖，感谢你们一直陪伴着我成长！

赵渊博

2019年6月于中共中央党校自得园